人生课

活在当下
便是最好的

[韩]智光/著
郑勤砚/绘
王娇/译

光明日报出版社

图书在版编目（CIP）数据
人生课 /（韩）智光著；王娇译 . -- 北京：光明日报出版社，2015.6
ISBN 978-7-5112-8075-6

Ⅰ . ①人… Ⅱ . ①智… ②王… Ⅲ . ①人生哲学—通俗读物 Ⅳ . ①B821-49

中国版本图书馆 CIP 数据核字（2015）第 054359 号

版权登记号：01-2014-6757

人生课

著　者：[韩] 智　光　　译　者：王　娇

策　划：双螺旋文化
责任编辑：黄海龙　张盈秀　　责任校对：傅泉泽
插　画：郑勤砚　　责任印制：曹　净
特约编辑：唐　浒　孙丽丽　　特约技术编辑：张雅琴　沈永勤　杨　骏

出版发行：光明日报出版社
地　址：北京市东城区珠市口东大街 5 号，100062
电　话：010-67078248（咨询），67078870（发行），67019571（邮购）
010-63497501、63370061（团购）
传　真：010-67078227，67078255
网　址：http://book.gmw.cn
邮　箱：gmcbs@gmw.cn
法律顾问：北京德恒律师事务所龚柳方律师

印　刷：小森印刷（北京）有限公司
装　订：小森印刷（北京）有限公司
本书如有破损、缺页、装订错误，请与本社联系调换

开　本：880 × 1230mm　1/32
字　数：120 千字　　印　张：8.25
版　次：2016 年 1 月第 1 版　　印　次：2016 年 1 月第 1 次印刷
书　号：ISBN 978-7-5112-8075-6

定　价：35.80 元

目录

CONTECT

序

人生之贵还看今朝 I

1 章 现在，你幸福吗

为何而活？当我们再次犹疑之时 _ 002

相信撑过今天，便会有不同的明天 _ 004

伴随年龄增长的得与失 _ 011

众人皆姻我独惘，自咎可为否 _ 016

满怀惆怅的不惑之年 _ 022

此情可待成追忆，只是当时已惘然 _ 026

无平不陂，无往不复 _ 030

蓦然回首中的人生 _ 034

2 章 超脱生老病死之法

即便明日死去，我亦无悔 _ 042

今后的人生已经是一种恩赐 _ 044

无意识的世界中的过往 _ 049

放下对死后世界的畏惧 _ 056

生与死仅仅是一种变化 _ 061

轻生，自我伤害行为本不该 _ 066

“求死”的宣告无法掩盖“求生”的欲望 _ 070

3 章 天下无不散之筵席

薤上露，何易晞 _ 082
人死一去何时归 _ 086
该为谁而祭奠 _ 089
两三日的悲伤已足矣 _ 092
遗留的礼物 _ 096
破旧皮囊，何以执著 _ 101

4 章 解开伤痛心结

敞开自己的心扉 _ 110
婚姻并非是幸福的保证 _ 114
无痛无悔的离别 _ 119
期待之深，孤独之切 _ 124
莫要乞求幸福 _ 130
病床前的善行 _ 134
年高了几何，便很难放下几许 _ 138
如何赡养父母 _ 144
摆脱执著之障 _ 148
授渔之爱 _ 152
智慧的尊长 _ 156

目录

CONTECT

5 章 / 安度晚年之法

粮多并非富足，暇余方为财富 _ 162
人生诸多不如意 _ 165
金钱、地位、财富莫要同步“自我” _ 169
未雨绸缪，开始经历 10 年后想做之事 _ 173
手足之间，与其借，不如予 _ 179
退休后的善行 _ 185
退休享受暇余的权利 _ 187
正规职业与非正规职业 _ 190
彼此理解可避纷争 _ 195
在工作中营造人生活力 _ 197
放下“往昔”意识 _ 201

6 章 / 丹枫烂漫锦妆成，要与春花斗眼明

丹枫烂漫锦妆成，要与春花斗眼明 _ 208
辛勤的农夫也有悠闲的时光 _ 211
训斥和责骂乃和睦之敌 _ 213
孝子的养成之法 _ 216
紧握生存之本 _ 219
还尽现世恩，再去度忘川 _ 221

人生在世需分享 __ 224
仅需付出，不期回报 __ 227
祈求改变心灵习惯的醍醐 __ 230
家务事也算是一种报恩之举 __ 234
驱走急躁的修行 __ 237
幸与不幸皆由自我而起 __ 240

结语 / 幸福之事，从我开始

序
人生之贵还看今朝

年轻时，我们总感觉到度日如年。但随着年龄增长，我们却又会慨叹岁月如梭。那么同样的自己为何会有如此迥异的感觉呢？儿时，我们总是想要快些长大，这是对年龄优越感的期待。也正是由于这种对明日的憧憬，时间才犹如停滞了一般。

然而，待到中年之时，我们总是渴望自己能够年轻稍许。这又是何故？因为幼时的时间流逝代表着成长，而此后的时光则意味着衰老。随着年龄的增长，我们的脸上会渐渐爬满皱纹，头发如荒草般在头皮上稀疏残喘，日渐虚弱的体力也非比往日。尽管内心依然紧握着青春的尾巴，但力不从心之感却开始如影随形。

也正因如此，很多人容易生出“恍恍惚惚，已是半世荒芜”之感。对未来心生畏惧的同时，也开始回首往昔的岁月。当他们一旦听及年龄问题，思绪就会打开尘封已久的回忆。

我们总是慨叹“曾经的美好”，但曾经的我们是真的幸福吗？

年少时节真的全部充盈着幸福吗？我们不妨去问

一问当下的中学生幸福与否，回答必定异口同声——辛苦。那么大学生们是否幸福呢？他们的回答同样是如出一辙。因此，虽然我们总是认为回忆中的往日安逸美好，但事实却否决了记忆。

后悔是一种在不满当前生活状态的前提下才会生出的情绪。曾经有一项社会调查面对社会发问：“人生中最后悔什么？”其中名列第一的回答就是“没有努力学习”。大多数人认为“如果当初努力学习”，现在的自己就会拥有更好的生活。

正因如此，我们才会时常带着后悔回忆过去。在悔恨“早知如此，何必当初”的同时，却在无形中贬低了现今的自我价值。正因为往日之失难以弥补，面对现实时才会不可避免地萌生出痛苦和不满的情绪。

那么，不再后悔，幸福一生，其秘诀是什么呢？

那就是要充实人生的每一个阶段。年轻时，只需要努力学习，获取知识；中年时，则需要承担责任，忙碌生计。俗语有云，寸金难买寸光阴，时光一去不复返。在过去的时间里，我们之所以会感觉到辛苦，正是因为尚未理解这些话语的真谛。

二十几岁情窦初开时，我们总会经历一段爱恨激荡的岁月。这是青春所赋予的特权，纵使遭遇失败也没有什么大不了。我们反而会因此成长，走向成熟。然而，在此过程中，我们却总会期望“时光快些奔走，痛苦之事快些远离”。

尽管过去的时光夹杂着诸多难忘的痛苦，但我们回首过去却依旧会思念“曾经的美好”。如今四五十岁的人感觉自己上了年纪，但再过二三十年，却又会向往现在的时光；如今六七十岁的人感觉自己日益苍老，但再过十年，他们则会期望自己能想现在这样年轻十岁。由此可见，衰老是一个相对的概念。在学校中，我们常常会看到高年级同学欺负低年级同学的情景，如果问起原因，高年级的同学可能会如此回答：“我们比他们大，所以他们要听我们的。”

不管是孩子们渴望长大的愿望，还是少年对成熟的渴求，还是老年对青春的回味，归根究底，都是因为人们忽略了眼下的幸福。

因此，只要年轻人看到自己的活力和梦想，老年人看到自己的阅历和博闻，充分肯定现在的自己，那么生活又怎么会不美好呢？换而言之，只要抛开过去的回忆，放下对未来的畏惧，充实现在的自我，那么我们就会发现人生之贵就在今朝。如此，我们便不再畏惧将临的苍老，就算在人生弥留之际也会露出微笑。

然而，世间并没有尽善尽美之事，人们依然会随着年龄的增长心生悔恨和不满，因现今世界无法实现自我价值而感到不公。细究其因，这都是由夹杂在我们人生中的诸多贪欲使然。

如若想要把握自身的重心，切实解决人生中的问题。就需要从现在开始重整人生序列，将对金钱、出身、名誉、健康等追求抛之脑后。正是被这些欲求蒙蔽了双眼，我们才会看不清人生中真正重要的事物。当我们放下这些欲望的瞬间，顿时就会感到耳聪目明，通向幸福美好的人生之路也会在我们眼前铺展开来。

人固有一死，没有人知道死亡会降临在哪个瞬间。所以请从现在开始审视自我，拼尽全力做到最好。只有如此，我们才能无憾一生，坦然面对死亡。人生在世，无所谓成功与否，只要活出了属于自己的满足，那么便不枉此生。如果今天感到了满足，那么幸福的人生还会远吗？

智光

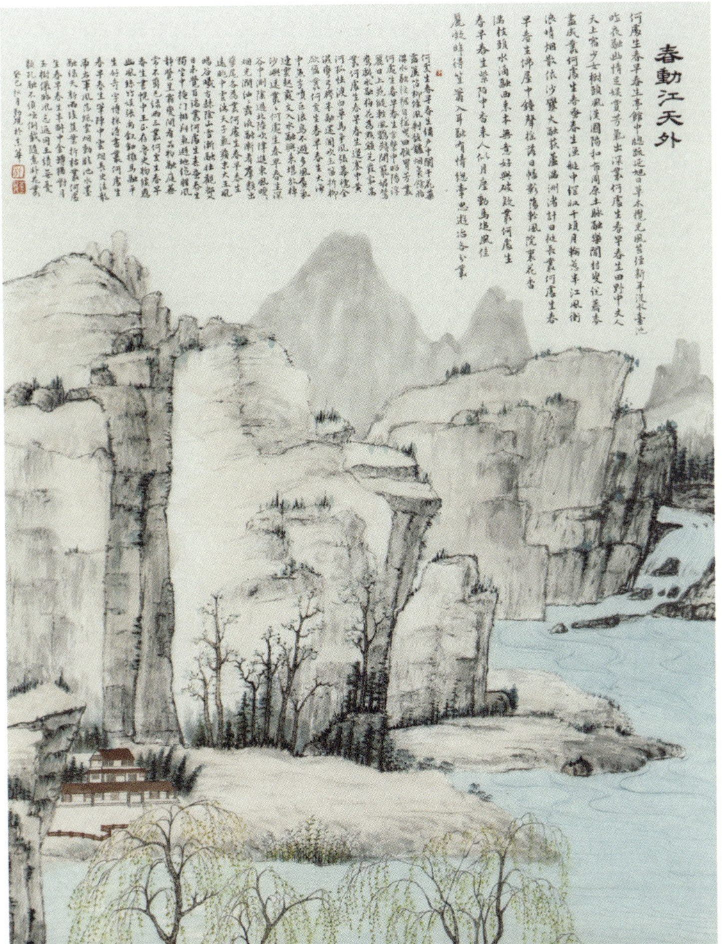
春動江天外

1章 现在，你幸福吗

我就是命运的主人。我肩负着让自己幸福的责任，也主导着让自己幸福的权利。

为何而活？当我们再次犹疑之时

“人为什么活着呢？”

这是年轻人们经常问到的问题，而且这个问题不只会出现在年轻时代。在四十岁、五十岁，或是更年期的人们同样会自问：“什么是生活？到底什么是人生？”然而这个问题却很难得到答案。这是因为生活比“为什么”这种疑问先一步存在，也就是说事物比思想更早存在。因此，在已经存在的生活的过程中提出“为什么生活”这种疑问，自然也就很难找到答案。

并非我们选择了世界，而是世界选择了我们。我们的出生地早已注定，并非是我们想出生在哪个国家便会生在哪个国家。因此，“我为什么是某某国人”之类的问题根本不存在答案。但尽管如此，我们依然还会听到类似的疑问：“找不到活着的意义，又为何活着？”

如若持续自问“为什么活着”这种问题，就很容易陷入受害意识等负面情绪当中。因此，这种思维需要及时做出转变。

“蚱蜢在活着，松鼠在活着，兔子也在活着。我在活着，其他人也在活着。既然同样是在活着，那么怎样才会活得更好呢？愉快地活着，还是痛苦地

活着？”

“当然是愉快地活着更好。那么，怎样才能愉快地活着呢？”

这是一种认可生活现状的健康思维方式。小草是那样地活着，兔子是那样地活着，人类也是那样地活着。生命会在某个时刻自然死去，生和死并非是由个人意志决定的。同样，生活也是即时而来，即时而去。因此，在既定的生活之中我们唯一能有所选择的是：“痛苦地生活，还是快乐地生活？”

而且在“为什么要活着”的疑问中还隐藏着一种“我本特殊”的思维。

“我本特殊，因此必须特殊地活着。因为不能如愿，所以才会陷入痛苦。”

这种我本特殊的思维动机会在无形中为人生添上一把重担。

我们与路边的野草、山中的松鼠又有什么不同呢？我本特殊的心态也只是自己的一厢情愿罢了。无论你多么英俊潇洒，断食 100 天也会死亡，停止呼吸 10 分钟同样会失去生命。

因此，放下这种我本特殊的执著显得尤为重要。放下了执著的负担，生活自然会轻松许多，无论遇到什么样的人，什么样的事都能泰然处之。

我就是命运的主人。因此，我肩负着让自己幸福的责任，也主导着让自己幸福的权利。然而，生活中总会有些意外，使得本该幸福的人生纷乱如麻。每逢脑海中冒出“为什么活着”的念头时，请将之转换为“怎样做才能让今天幸福”的自问。这是一种为生活充电的方式，也是一种让我们重拾人生主导地位的手段。

相信撑过今天，便会有不同的明天

我们儿时总会认为“长大后便会幸福”，中学时代会认为“大学时代便会幸福”。诸如“毕业之后”、

“结婚之后”，我们总是这样日复一日地期待明天。但经历过一次次失望的今天，我们便会不可避免地陷入疲惫。如此艰辛地一路走来，很多人随着年龄增长都会陷入“我活得好吗”之类的疑问之中。有人曾提出过这样的问题：

“什么样的人生才算是成功美好的人生呢？”

尽管在自己所属的领域获得了某种成功，但除去社会性的评价，自己的生活成功与否依然难以确定。

那么什么才能称之为成功呢？得到自己想要的事物也算是成功，因此很多人将获取财富、地位、权力和名望视为成功。但这种成功的价值具有相对性，正如财富具有相对性一样。年收入十万者会将年收入百万者称为富人，而年收入千万者则会将他们视为穷人。在这种比较之下才会存在穷和富的概念。地位也是同样的道理。军队中少尉比普通士兵地位要高，而在其地位之上还有中尉。由此可见，在相互比较之下人们的地位才会显现出不同。

但这样的成功并非是永恒的。人人都渴望成功，失败者也不甘于现状，总会朝着成功的方向努力。就像是玩跷跷板游戏一样，没人能一直站在最高点的位置。既然如此，类似这样无法持续的即时性成功算是真正的成功吗？

财富也是如此。很多人认为，只要赚足够多的金钱就会无忧无虑。所以贫者看到富翁时，会如此作想：“他们肯定已经没有忧虑了吧？”但富翁就真的没有自己的忧虑吗？事实上，相对贫者而言，富翁要有更多的忧虑，或是源自需要保持自己的财富的紧迫感，或是源自比上不足的不安。

因此，才会有“人心不足蛇吞象”这句成语。财富的拥有者往往会想要获取更多。

而且世俗所追求的成功也会被他人的评价和个人感知左右。很多时候，有人会因获取他人口中的成功评价而荒废自己的人生。待病入膏肓油尽灯枯之时才会大梦方醒，为自己的一生徒劳而悔恨不已。

那么真正的成功、美好的人生是怎样的呢？那就是与世俗追求的成功无关，真正做到自我满足的人生。城市人将赚取财富和入住高级公寓视为成功，而乡下人虽然在辛苦耕作，但如果感到自我满足，也算是一种成功的人生。

“我很幸福啊。呼吸着新鲜空气，喝着清澈的水，吃着没有污染的绿色农产品，耕作时也没有工作时间限制。”

由此可见，幸福并不是未来之事，如果对今天的生活感到满足，那便迈出了美好人生的第一步。

“粮食再多也只是一日三餐，衣物再多也只能取一两件蔽体。因此，心灵上的平和才算是最美好的生活。”

正是这样带着满足生活，才算美好的人生。

工作的形式并不重要，重要的是要做自己所希望之事。用新型农耕方法耕作也是件乐事，在村子里开一间小店安然经营也是件美事。或者是到外面的世界去逛一逛，融入国际社会，也是件快事。

做自己希望之事再辛苦也会有快乐，就比如军事训练中要求的登山训练。登山虽然很辛苦，但在其中得到了体能训练，也不失为一件愉快之事。我曾在每日的讲演行程中经常因睡眠不足而倍感疲惫，但让我感到快乐的是能够传递佛陀的弘法。

记得有一次外出听法会途中，我坐上了一辆出租车。当时那位司机显得非常暴躁，驾车时的情绪极不稳定。“到底是因为何事让他如此暴躁呢?”我不由得想要问个究竟。

“您今天遇到什么难事了吗?”

出租车司机长叹了一口气。

“我的妻子离家出走了，可家里还有个七岁的孩子。”

我递给司机 200 块，让他停下出租车，跟我一同听了五个小时的法会。

如果让他继续开车，出了交通事故就可能会付出惨重的代价。而且如果他继续带着怒气回家，对孩子也会造成很不好的影响。但若是这位司机自主感觉到自己的问题所在，做到心平气和，可能妻子归家的概率就会提高，出现事故的概率也会降低。如此一来，不只是挽救了司机本人，也挽救了可能会受到伤害的很多路人。

无法实现自己的期望并非是一种不幸。若是持续

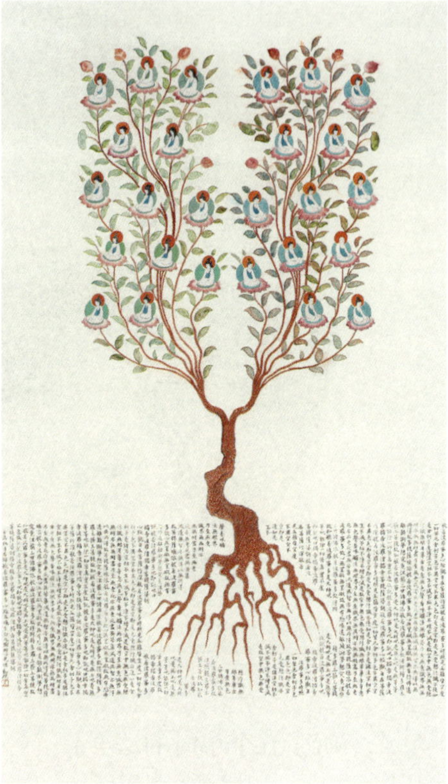

努力，淡漠对结果的追求，那么其过程也是幸福的。但若是无法把握自己的重心，只是遵循他人的视线和评价，那么即便得到成功也只是虚浮的气泡罢了。如果无法从气泡中解脱出来，那么人生也将呈现一片虚无。

当下的世人虚荣心旺盛，在虚荣的欲望中虚度人生。人们经常跟他人作比较，导致心理上的自我卑下，或是带着“我一无是处”此类的念头颓废度日，或是时常抱怨他人，让自己陷入更加颓然的境地。然而，遵循世俗成功的标准来满足欲求并非就能幸福；淡泊欲求，降低期望，获取相应的快乐和满足，才算是真正的美好。

我们时常因外在因素干扰，丧失自我反省和自我满足之力。因此，便会难以达到不以物喜、不以己悲的淡然境界，继而陷入流离浪荡的人生苦海。

伴随年龄增长的得与失

佛说无常，一切都是变化的。若是保持固有的思维，执著于过去的事物，就会生出诸多烦恼。即便是儿时最亲近的朋友，在岁月流逝中也可能会因各自的生计而天涯一方。这是一种随着岁月流逝的自然变化。

“最近，我发现已经没有可以喝酒谈心的朋友了。有人没有充裕的时间，有人个性强得让人头疼，还有人偏执地难以相处。即便回到家乡，想要跟儿时的伙伴聚一聚，也只有一两人到场。这还是在勉为其难的情况下。”

这就是而立之年的苦水，时间的匆匆而逝会营造

出一种物是人非之感。很多人会因“友情在渐渐地淡漠”而感到苦恼无比。

在寒窗生涯中，朋友总是排在第一位的。即使是一些跟父母难以言说的秘密，也会与朋友分享。在这个阶段，朋友尤其值得信任。人们在幼时依赖父母，寒窗生涯中依靠朋友，在恋爱和步入社会后又会与同事建立关系。这都是自然之事。但如果无从接受这种变化，依然保持青年时代的思维，则会沉溺在逝去时光的天真烂漫之中难以解脱。

在结婚之后，与朋友相聚的机会就会越来越少。

因为要顾及妻子的想法，想要跟朋友聚聚也变成了奢望之事。如果是女士，则要照顾丈夫和孩子的生活，那么与朋友的聚会则更加不易。正是由于有了家庭的羁绊，所以便不可能像单身生活时那样随意自由。

就算是在幼年时形影不离的兄弟之间，长大后也会渐渐产生离心力。尽管在幼年时同吃同睡，但在有了各自的家庭后也会走向不同的人生，想要像以前那样无私地帮助父母兄弟也不再是轻而易举之事。“我们的日子过得都不太富裕，你为什么对自己兄弟这么大方？”因家庭的优越程度不同，妻子有类似的抱怨也无可厚非。

这种变化是随着环境的变化自然产生的，因此必须要学会接受。如果依然执著于过去的美好，无法接受这种变化，那么难免会陷入痛苦之中。因此，我们需要意识到一点，并非是朋友变得冷血无情，而是自己还抱有孩提时的天真思想而已。朋友间的渐行渐远是所有人的共同感知。诸如，“有人没有充裕的时间，有人为生活奔波劳苦”，彼此再聚之时遥遥无期。如果在自身变化的同时，却将变化的责任推到他人身上，那么友情将变得更加淡漠。

“太阳还是那样日复一日的升起，而我却越来越敏感憔悴，甚至患上了机能性肠胃障碍。虽然正在药物治疗，但怎样做才能让内心得到平和呢？”

如果执著于让对方顺从自己，契合自己，那么生活将会疲惫不堪，难免会滋生许多疾病。

首先，我们要放下孩提时的思维，解开友情的羁绊，这样才能重获自由。和朋友在一起觥筹交错的时光固然欢乐，但也必须要适应独处时的状态。如此一来，无论在何种情况下，都能做到与人坦然相处。

俗话说“该来的不要阻挡，该走的莫要强求”。这句话并非是指要随意地应对人际关系，而是要接受既定的因缘。只有放下对人际关系变化的执著，不为离别而悲叹，才能建立平和的人际关系。也只有如此，才能遇到新的因缘。

如果无法理解对方，那么就会心生抑郁。反之，则会心生清爽。同样的道理，如果喜欢某人，那么就会心生喜悦；如果憎恶某人，那么就会心生厌烦。由于我们内心长时间受到负面情绪的侵染，比起理解对方更加偏执于自我的意志，因此才会更加习惯于抱怨和憎恶他人。每逢此时，我们就需要时常进行自我警醒，不要被负面意识主导。如此一来，我们就能放下对友情的执著，对朋友的憎恶也会渐渐淡去。

众人皆姻我独惘，自咎可为否

20 岁、30 岁，乃至 40 岁年龄段的人，对于婚姻问题经常会抱有诸多的烦恼和忧虑。有位 30 岁左右的女士曾这样说道：

“我不知道结婚后是否会幸福，所以经常为是否要结婚而烦恼。”

我向女士询问是否有了可以一起步入婚姻殿堂的对象。

“目前还没有。”

既然尚且还没有遇到可以结婚之人，那为何要为婚姻而烦恼呢？时常为未来尚未发生之事忧心忡忡的女人会招人喜欢吗？可能仅凭脸上散发出的抑郁之光都能让人望而生畏了吧。

还有些女士因寻觅不到结婚的男士而苦恼。此时便有一点需要注意，急切的结婚欲望会让对方男士感到有负担，从而不敢靠近。

当下社会，即使单身也能生活得很好。在独处之时，只要带着“单身自由”的念头生活，也不失为一件美事。带着轻松和微笑的女士，不仅会赢得男人的追捧，也会迎来所有人的赞许。至于结不结婚，或是何时结婚，并不是最重要的。因为结婚并非能由个人意志左右，在婚姻的问题上过于执著只能为人生添上一份重担。

40 岁左右的女士，往往会因尚未结婚而感到窘迫。那么果真结婚才是天经地义，未婚就必须感到羞愧吗？那么年轻人又为何因至今未婚的问题而困扰呢？这正是以失败者的角度进行自我否定而产生的结果。如果认为“我现在都 60 岁了还没有结婚”，那么自己就会无形中成了人生的弃儿。若是转换思维，“我一直坚持到 60 岁都没有结婚”，那么就能将自己摆在人生胜利者的位置。因此，若是抱着“别人都掉进了婚姻的囚笼，而我依然在赞颂自由”的念头，自己在婚姻的问题上也会轻松许多。

而立之年依旧未婚并非是正确之事，也并非是错误之事，也并非是一种失败，而是一种自然因缘。有人会为单身高歌，过得轻松愉快；有人则会认为单身是一种缺陷，让自己感到无比窘迫。然而，年长未婚并非是一件窘迫之事，只是一个让自己感到窘迫的借口罢了。

离婚、结婚、未婚及考试落榜等任何事件都是自然发生的，只是我们为其添加了悲伤、喜悦和凄楚等附加意味。如果执意去为此烦恼，也只是庸人自扰而已。

若是在生活中感到凄凉，那么心灵上就会日益沉重，在为人处世上也就会倍感艰难。在这种情况下，就需要有意识地抛弃自我否定，从而解放自己的心灵。

曾有一位年逾不惑之年却依然没有进行正常恋爱的男士，每当他遇到心仪的对象时，总是难以向对方表达心意。尽管被拒绝并非是什么大不了之事，但他仍然畏惧被拒绝时的尴尬，因此才会频频错失良机。

若是向对方表白时遭到了拒绝，那么便寻找下一位心仪的对象即可。如果再次遭到拒绝，也不要去悲伤。因为人们拥有选择的自由，况且如果时常被拒绝，也可能会心生免疫。长此以往，总会遇到两相情愿的美好姻缘。

那么怎样才能够挽回被拒绝的局面呢？这种情况

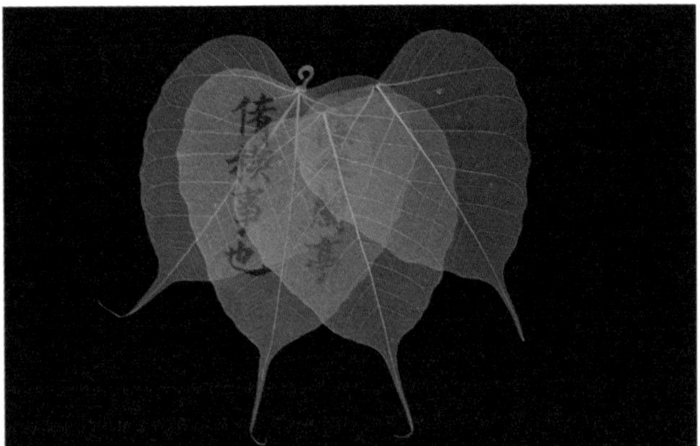

下，就需要制定战略。为了能让对方喜欢上自己，就必须付出相应的专注和努力。在努力的同时，就会发现恋爱技巧和接近对方的能力正在与日俱增。

如果不善于恋爱，那么就从现在开始尝试着用轻松的心态去恋爱吧。若是深层交往会让自己感到有负担，那么就尝试一下轻松的交往方式。这时只要放宽交往的条件，就一定能够遇到心仪的对象。离过婚的也未尝不可，如果再放宽年龄限制，可以交往的对象则会更为广泛。因此，只要不被太多的条件和要求所束缚，敞开心扉去与人交往，那么必定会遇到美好的因缘。

现如今，很多女性因为各种社会问题的缘故，晚婚的情况屡见不鲜。她们因为工作原因无暇顾及婚姻问题，在逐渐年长的同时才逐渐生出结婚的念头。有位女士 58 岁依然单身，在饱受孤独之苦之后才想要步入婚姻的殿堂，但却为此举的正确与否深存犹疑。

其实，婚姻是有相应的适龄期的。虽说 58 岁也可以完成婚姻，但必须意识到，此年龄段的婚姻生活想要尽善尽美却并非易事。长时间的单身生活已经养成了个人的生活习惯，因此想要适应两人生活并不容易。

结婚之前可以随心所欲地生活，但结婚之后却需要寻找双方的契合。

然而，婚姻能否消除孤独之苦尚且还是个未知数，甚至还可能会衍生出更多的矛盾。如此看来，结婚并非是惟一的上策，但若心存执念也并非不可。尝试过婚姻之人就算最后离婚也依然难以断绝对婚姻的迷恋；若是没有经历过婚姻，则会持续抱有对婚姻的迷恋，因此只有尝试过之后才会真正了解自己是否适合婚姻。

可能有人会问："为何大师如此视婚姻为儿戏？"40 岁以前结婚会诞生子女，就需要肩负 20 年的责任，因此婚姻必须持续下去。但 50 岁以上已经没有生育的可能，因此只要期望婚姻便去尝试即可。

况且，解决孤独的痛苦也并非只有结婚一途可走。在社会集体中同吃同劳作，同样可以克服孤独之苦。即使单独生活，在下班之后再去进行社会公益活动，也是一种不错的生活方式。

事实如此，如果在社会集体生活中感到疲惫，那么在婚姻生活中同样不会轻松。因为若是抱着解除孤独的心态进入婚姻殿堂，那么同样会因自我空间不足而倍感矛盾。尽管孤独感消褪，但渐渐夫妻双方的时间也会被家庭所占据，激情消弭之时反而又会衍生痛苦。这并非是因为婚姻生活而出现的问题，而是从单身生活突然进入婚姻生活而产生的副作用。因此在结婚之

前，最好是双方都要有充分的了解，以便能够自我调节生活状态。因为，世界上无论何事都无万全之策。

无论结婚还是单身都会出现各种形形色色的问题，其中最重要的是不要为自己的行为留下悔恨。因此，在经历单身和婚姻生活的同时，进行心灵上的自我整理才是人生正途。

满怀惆怅的不惑之年

丈夫因公事繁忙，子女相继长大，40 岁左右的家庭主妇往往会因为无所事事而深受抑郁症困扰。因为长期找不到自我存在感，时常会在抱有“我为何活着”的自我疑问的同时而陷入抑郁。这个时期产生的更年期综合征虽然也可能源于生理因素，但绝大部分却是源于心理因素。就比如，38 岁的女性依然没有结婚生子的打算，那么直到 50 岁都可能不会产生更年期综合征。而如果是二十几岁便步入婚姻，在子女进入中学时，自己已经到达 40 岁左右年龄的女性就很容易产生更年期综合征。

孩子在幼时往往会依赖母亲，经常陪伴在母亲左右。但在青春期来临，特别是男孩，就会与母亲渐渐地产生距离，心中萌生一种羞涩心理。因此，母亲们

面对这种变化时，就必须学会调节与孩子间的关系。随着年龄增长，女孩们也是如此。女孩们在家庭外的环境中总会扮作成熟姿态，然而在母亲面前无法做到这一点，因此她们同样会与母亲产生间离。

家庭氛围已经不同往日。早上子女和丈夫都会外出，家庭主妇们直到下午的时间都是一个人度过的。当她们面对镜子时，会发现自己的鬓角已经生出了白发，脸上也逐渐爬上了皱纹。长此以往，她们的自信在慢慢消失，也会与社会渐渐脱节。因此，一些户外集体舞蹈开始流行，这也正是家庭主妇们为了驱散内心空虚感的表现。

家庭主妇们如果长期闷在家中，与子女和丈夫之间的关系就很容出现问题。但如果时常参加社会义务等类似的活动，对于抑郁和空落的心灵是有着很好的治愈作用的。因为这样不仅能让自己有事可做，还能从帮助他人的经验中获取快慰，因此抑郁心理也将不复存在，生活中还能获得更多的活力。况且能让自己的时间和热情变得更具意义，也是另一种形式的自我实现。

有一位家庭主妇在孩子上小学的同时，坚持不懈地进行社会义务活动，这使得她的生活焕然一新，找到了新的活力。在抱着高度热情进行义务工作的同时，抑郁症和更年期综合征也会自行远离。尽管丈夫们无法理解妻子为何要从事这些不赚钱的工作，但实际上这些义务工作能让妻子的心理变得更加健康，对子女会更加贴心，对丈夫也会更加宽容。

现在有很多社会义务团体成员大部分是女性。

家庭主妇的责任主要在于操持家务，因此更容易习惯无偿性的工作。但男性则不同，他们要养家糊口，对于赚钱也更加敏感。甚至有的人年过七旬都还在考虑着生计问题。

当然，上了年纪依然想外出奋斗的想法值得赞扬，但若是在满足了生活需求后，还能去做一些有意义的义务活动，那么自身就会变得更具活力，心理年龄也会更加年轻，生理上也会延缓衰老。

有人说，我在为自己的人生、子女、爱人和父母认真努力地活着。当然，为家庭的奉献和为他人的奉献并没有太大实质区别。换而言之，这只是一种个人性的生活方式罢了。那么我们为何不尝试着为了邻里和世界付出一份爱心呢？如果打破了内心的樊篱，不仅视野会更加开阔，人生也会变得更加朝气蓬勃。如此一来，面对孩子糟糕成绩的坏心情，甚至是亲人离世的痛苦，也会更加容易地被克服。谨记，人生之中无论面对何事，只要解开一份束缚，那么自然会获得一分力量。

此情可待成追忆，只是当时已惘然

“最近总是感觉身心俱惫，怎样做才能轻松地活着呢？”

一位女士如此问道。随着年龄的增长，人们总会想要重归年轻时的美好，并会觉得自己今后的生活会很不幸。感觉到身体不再如年轻时那样矫健，对于变化的适应能力下降，体力已非往日，皮肤也不再如以前那般富有弹性，心灵便会不由自主地陷入抑郁之中。

还有人感觉自己活得很没有人味儿，便如此问道：“很想像以前那样开怀大笑，我该怎样去做呢？”尽管对开心愉快地生活的渴望无可厚非，但问题中“像以前那样”的标签已然成了这份渴望的阻碍。

我们终归活在当下，过度留恋往日的美好往往会成为现在生活的障碍。

比如往日的幸福时刻，往日的美丽容颜，往日的富足生活，往日高高在上的地位，往日和睦的夫妻生活，等等。这些并非真的是对回到过去的渴望，而是一种悔恨的表现。有些夫妻不为养育子女的问题忧心，而是时常为婚前彼此的诺言计较，矛盾日益加深。如果持续为过去的话题而执著，那么就会在争执的同时

感觉到婚姻不幸，自寻一番苦恼。

人们常常纠结于过去，无法抛弃对年轻的欲望，从而陷入无尽的苦痛之中。那么年龄增长就真的是一种痛苦吗？当然不是。因为随着年龄的增长，我们会尝到人生的滋味。年轻时我们尚且青涩，只有随着年龄增长，经历人生几何，才能渐渐走向成熟。

僧人也是如此。关于论述人生的法会，人们是希望年轻的僧人登台演讲，还是年长的呢？当然是老僧要讲得更加透彻。我现今演讲的内容与三十年前并无太大区别，但三十年前的演讲却是无甚说服力的。而如今我年过六旬，演讲的内容才被广为接受。如果待

到我七八十岁时，演讲的说服力可能会更上一层楼吧。因此，可以说人生之味只有七八十岁才最为甘浓。诸如好酒越陈越香，酱料完全发酵了才能美味，米饭熟透了才能爽口。人生也是如此，年龄越长，滋味也就越浓。

年龄增长是痛苦还是幸福，这并非是身体上的疑问，而是心理上的问题。衰老就犹如秋去冬来、四季交替那般的自然之事。如果只是喜欢春天，夏天到来时又怎会不痛苦呢？其实，痛苦的根源并非是季节变化，而是对春天的执著。同样的道理，对年轻的执著也就造就了对衰老岁月的痛苦。

如果坦然面对逝去的岁月，那么就能找到比年轻更值得珍视的事物。事已至此，我们已然活在了当下。只有向前奔走，才能感觉到曾经被忽视的自然之美。只有成家立业，才能让人生变得更加稳重平和。

我们的世界在日新月异地变化，想要追赶变化的速度并非易事。当下智能手机流行于世，但一些年长者对于使用方法却苦恼不已。但真的有必要因苦恼而去努力学习吗？当今的年轻人对智能手机的依赖性极强，难道年长者也要追从这种趋势？对于智能手机，年长者只需掌握基本功能即可，剩下的还是交给年轻人去应用吧。尽管我们对于世界的变化无法逃避，但若是因无法追赶这些变化而苦恼，这也是毫无必要的。

年龄增长的优点显而易见，那就是能知晓过去，了解现在，还能够预测未来。我曾在深山中的山村长大，因此比起城里人，我见过更多的 100 年前甚至是 200 年前的古老事物。

比如，我见过栽培麻类，制作麻衣；见过栽培棉花，制作布衣。我还曾游历过各地，见过各种高尖端科技事物。我的人生才六旬，可以说经历了 300 多年的文化。无论是遇到年轻人，为其讲述过去的事物；

还是遇到年长者，为其讲述现今的事物，他们都无一不感到惊奇。因此，年龄增长并非是一种不幸，反而是一种幸福。

假如自己当初曾经伺候过婆婆，而如今的儿媳却与自己分开生活。这就是两种不同的经历。如果接受了这种变化自然甚好，如果无法接受就只能感觉到人心不古。所以说，只有放下对往日时光的执著，坦然接受世界的变化，才能感觉到年长之福。

无平不陂，无往不复

即便烈日当空，也有可能突然风雷大作，暴雨如注；即便电闪雷鸣，也有可能霎时间便一片朗朗晴空；即便乌云阵阵，淫雨在即，也有可能只是终日天气阴沉，滴雨不落。

正犹如天有不测风云，我们的人生也会出现一些难以预料的未知事件。即便一心期盼美好的婚姻生活，也有可能被离婚的阴云笼罩；即便渴望孩子善良好学，也难保证他们不会调皮捣蛋，让自己精力憔悴；即便希望自己的事业蒸蒸日上，日进斗金，也可能会一事无成，殃及家人；即便希望自己的工作终身稳定，也可能遇到失业裁员。

若只是祈求自己的人生一帆风顺，不遇坎坷，那么便会天遂人愿吗？若只是祈求望子成龙，丈夫早归，妻子勤劳，自己被万众敬仰，就真的能解决我们的人生困扰吗？

我们时常期望自己人生航向能够按照意愿而行，却忽略了其中的福祸交织。我们总是认为财富唾手可得、人际关系称心如意就是自由和幸福。然而，世上之事却并非是自己能够一手操控的。俗话说，“有得必有失”，我们的人生总是在福祸之间往复徘徊。因此，人生便可以简单概括为“苦乐”二字。有痛苦也会有快乐，苦乐往复便是造就了轮回。乐极生悲、否极泰来正是这番道理。我们的幸福和不幸，快乐和痛苦，便是由“能否随同自己的意愿”决定的。

遇到好事时的幸福和遇到坏事时的不幸，在我们人生中总是来来回回，循环往复。

让我们回顾一番过去的幸与不幸。有可能某件事看似是件好事，但却发现是件坏事，但到最后反而却于自己有利。

还有时候某件事好像是件好事，但最终却于自己有害。想通了这些好事与坏事，那么对幸福的执著和对不幸的痛苦等情感起伏自然会稍稍平复。如果过去认为遇到好事便是幸福，遇到坏事便是不幸，那么现在就应该明白，“看似是好事也不见得一定是好事”，“看似是坏事也不见得一定是坏事”。如此一来，因外界条件的影响而让自己产生的过度喜悦或悲伤之事也会渐渐减少。

曾经我经历了一段非常艰难的时光。当时的境遇的确非常糟糕，但那段经历对于我现在的佛法研究和修行课题方面起到了很大的帮助。而且还不止如此，于我

而言最大的益处莫过于帮助我加深了对世界的理解。

在经历那段时光之后，我所做演讲的态度也有了明显的变化。在那之前，我演讲的内容诸如此类，“你们虽然有过错，但如果从现在开始及时反省，那么终会回归社会做个好人。”但那以后，我学会了站在听者的角度去进行演讲。

有些经验是无法从书本中学到的，而是获自真实的体验。那段时光虽然很艰难，但却让我受益良多。也从侧面说明了一点，在我们人生中不好的事情并非绝对，也可能能让我们得到另外的收获。

在岁月流逝的过程中，我们经历了诸多人生百态，年龄增长的同时也在走向成熟。在年轻时遇到一次难关，总以为如世界末日般恐怖。但在经过之后可能会发现，这也是一段值得珍视的经历。事实证明，无论人生有多么的艰辛坎坷，只要在渡过难关之后，我们的人格完善度和处世态度就会更上一层楼。

我们应该抱着乐观的态度去看待已经发生的事物。因为对于已经发生的事物，任凭如何的悲天悯人都无法改变其结果。所以只要抱有“无平不陂，无往不复”的乐观态度，那么无论在任何情况下，我们都能渡过诸多艰难坎坷。而这些丰富多彩的经历也会擦出炽热的火光，为我们未来的道路点亮一盏智慧明灯。

蓦然回首中的人生

生活至今的我们对于人生一直有着诸多的苦恼。20 岁时起便站在人生的十字路口彷徨不已。该从事何种工作？是否该结婚？又该跟谁结婚？此后，无论是因恋爱步入婚姻，或是在父母的劝导下与人结合，婚后总会发现，现实与理想有着诸多差异。当我们发现与配偶心意不合，后悔这场结婚之时，却已经为时已晚，因为孩子已经呱呱坠地。

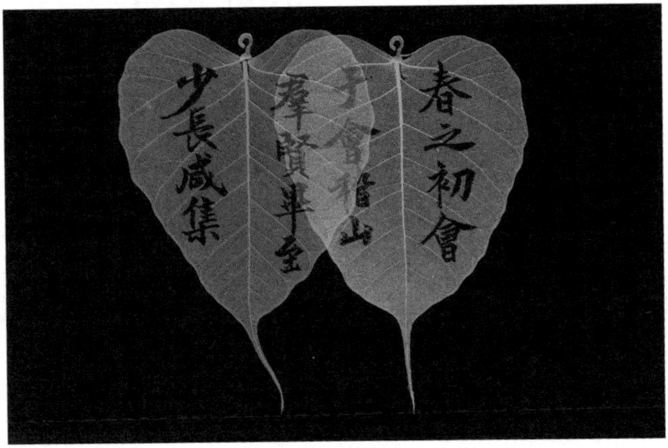

在生儿育女的过程中也有各种各样的苦恼。比如，在生育子女之后，又将面临辛苦的养育过程。当子女进入青春期后，开始忤逆父母的意愿，学习成绩方面也不得不为其费心费神。很多家长会如此哀怨：“这哪里是子女，分明是冤家。”

如果是女性，还将存在客家心理的问题。因为她们今后将会与陌生的父母兄弟一同生活，突然的环境改变难免会造成与婆家的矛盾纷争，生活也自然不能尽如人意。

在这样各种各样的苦痛之中，我们的年龄却在不经意间跨台阶增长。眨眼间孩子已经长大，又该让其读什么样的大学？找什么样的工作？何时结婚？如此这般诸多的问题也会接踵而至。

既然人生经历这么多的苦恼和苦痛，那么是不是该从中获得警示？就犹如自己年轻时的彷徨时节一样，子女们也将到达了同样的时期。那么，是不是该给他们些经验教训？通过自己人生中的各种错误中学到的教训，就应该教导子女们不要再重蹈覆辙。

“婚姻并非儿戏，你要谨慎对待。”

“在子女幼年时期，夫妻间的争吵会给予他们不好的影响，日后的养育过程也会更加辛苦。所以，你在生儿育女之后，不管遇到何事都要保持夫妻和睦。”

这样的教训和人生经验必须要传递给下一代。

但至今为止，还有很多父母在教育子女时依然重蹈上一辈的教育方式。比如，不厌其烦地催促着子女“快点出嫁”、“快点成家”、“快点赚钱”，等等。

若是结婚二三十年后，依然没有从中获得任何经验教训，那么在今后的 300 年，甚至是 3000 年之后，依然会以同样的色身诞生在世间。这也就是所谓的轮回转生。即使生活水准上会有所差异，吃得更好，穿得更好，住得更好，然而生活态度、苦恼、彷徨和痛苦却依然不会消弭。

如果从父母身上接受到不好的业报，那么就不要再将这份业报传递给子女。比如，父母重男轻女，自己因是女儿而受到冷落，自己又将这份冷落传递给女儿；或是自己做儿媳时受到了婆婆的非难，又将这份非难传递给儿媳；或是原本讨厌酒鬼父亲，而自己日后也成为酒鬼；还或是讨厌脾气暴躁的母亲，而自己结婚后却与母亲一样脾气暴躁。如此一来，不仅无法从逝去的人生中获取智慧，还会徒留一腔痛苦遗憾。

如此连自己的问题、痛苦和烦恼都尚且解决不好，又如何为子女传递智慧箴言？而且这些负面情绪也会如出一辙地传递给子女，为他们的生活增添诸多的痛苦负担。

环顾周边，很多亲朋的父母已经驾鹤西去。我们偶然间就会意识到，自己这一代人余下的时间也已经所剩无几。然而，我们的人生问题却始终无法解决。

如果想要从根本上解决人生中的问题，就需要从现在开始重新审视人生，并重新整理人生中的优先次序。只有放下对子女的担忧，以及对未来的不安，才能拓宽视野，找到通向真正幸福的道路。

第2章 超脱生老病死之法

我们总是佯装生命永恒，蹉跎度日，殊不知死亡终有一天便会降临。

即便明日死去，我亦无悔

有位先生历尽艰辛终获成功，但还未来得及享受成功的喜悦，却已身患绝症，得知自己只有一年的时间可活。亲近的朋友们前去探视，并如此安慰道：“虽然你历经艰辛才获得成功，但生命终有大限，也是无奈。”

然而其中一位朋友却在探病归家之时，突然遭遇了交通事故当场离世。以离世者的角度而言，只有不到一天的生命的他却还在安慰还剩一年生命的绝症患者。

正如这般，天有不测风云。我们在为他人的生命担忧之时，自己也有可能走向死亡。

毋庸置疑，“人终有一死”。但我们却在无意中认为自己拥有永恒的生命，只有在死亡降临的刹那才会接受人生有限的现实。

中学时代，我曾首次感受过死亡。当时同住的学弟在骑自行车时无意摔倒，头部撞到了一颗很小的石头，鲜活的生命在瞬间就停止了呼吸。那段经历可谓刻骨铭心。

我在中学时代身体非常孱弱，步行百米就会头晕目眩。寺中长老曾对母亲告诫，我有短命之相。长老虽然没说我能活多久，但我心中却想："既然有短命之象，那么也就是四十岁前后吧。"此后，比起对死亡的恐惧，认真努力地生活于我而言显得更加重要。

"别人都能活七八十岁，而我只有区区四十载的生命，因此我要比他人付出两三倍的努力才行。"

有了这种明悟，我不顾身体的疲劳，开始忘我地努力生活。然而，当我年过四十时却依然在世，那时我的心中非但没有急躁，反而一片安和。我已然努力活过，就算某一时刻突然死去也了无遗憾。因此，我再也不必为有人生之失而担忧。

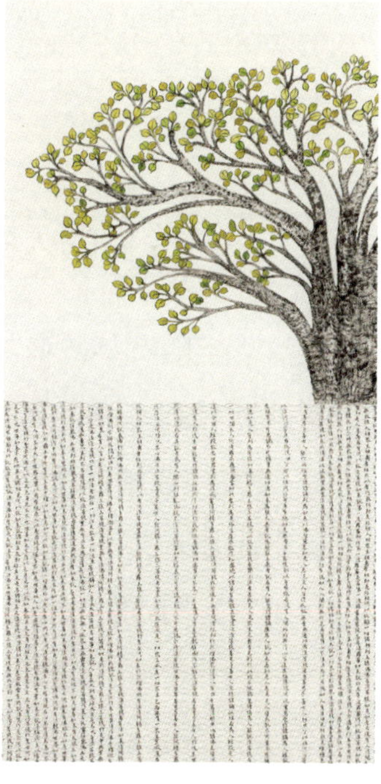

我曾背负着死亡的重担活着，但经过了那个时期后，我能更加坦然地接受人生，心中的自由之感也不期而至。

那位身患绝症的先生在得知自己的生命仅剩一年时，他本人包括周围的亲友犯下了一个错误。他们并非错在

"因只有一年可活而痛苦"，而是错在"痛苦中浪费剩余的宝贵时间"。由此可见，人生在世余下的时间并不重要。假如只有一年可活，那么大可不必因即将到来的死亡而痛苦，只需每天活出比别人多出十倍的幸福即可。若是能在此间弥补对他人的亏欠，给予曾经吝啬的称赞，放下执著，真正快乐地活过一年，不仅不会留下遗憾，也将在他人的人生中留下灿烂的一页。

我们总是佯装生命永恒，蹉跎度日，殊不知死亡终有一天便会降临。所以说，只要活在当下，用尽全力做到最好，那么即便明天就会死去，也将无怨无悔。

今后的人生已经是一种恩赐

随着年龄增长，身体机能会逐渐衰弱，体力不如往日，身体各个部分也会出现不适之感。因此，我们对身体状况的担忧和对死亡的恐惧就会与日俱增。

"我的身体有些不舒服，所以去医院做了检查。我非常担心检查结果，不会是癌症吧？"

最近越来越多的人承受着癌症的折磨，很多人只要身体不适就会忧心自己是否患上了癌症。如今的癌症发病率为何升高？其中一个原因就是在人均寿命提高的同时，死亡病因中癌症死亡率越来越高。其他的大多疾病都能治愈，而癌症却始终属于不治之症，所以其患者群体才会看似越来越庞大。

致癌因素多种多样，比如含有致癌物质的食物、水源和空气等环境因素和精神上的压力因素。若是平时保持心态平和，就能消减压力，再加上食用绿色食品，癌症的发病率便会大大降低。即使患上了癌症也不要过度忧虑，仅需接受适当治疗即可。

但是如果在身体的检查结果出示之前便忧心忡忡，总是担心自己患上了癌症，畏惧自己即将死去，这样的忧虑不仅会使身体上的病痛加重，心理上也会因焦躁折磨而狼狈不堪。这个时候就需要对执著于身体健康的自己做出反省了。

“身体无法永恒，终有一日是会垮掉的。”在如此自我反省的同时，也需要放下对肉体和贪生的过度执著。纵使患上了疾病，只要放下对“健康长寿”的执著欲望，在某种程度上也会减少疾病所带来的苦痛。一位妻子得知丈夫身患胰腺癌晚期时，便陷入了痛苦的抉择之中。

“医生说丈夫只有 3 到 6 个月的时间，但如果找到合适的治疗方法还可以多活些时日。到底是该去山中静养治疗，还是在医院接受药物治疗？众说纷纭，意见不同。我到底该怎么做呢？”

这个问题是没有正确答案的。有人去山中静养会有所康复，而有人却依然会在山中死亡。因此，这个问题不存在绝对的肯定。若要两全其美，可以选择在山中静养的同时去接受医院的药物治疗。

但有一个念头必须被放弃，那就是完全治愈的希望。只要抱着“尽力活着”的态度，心灵上的包袱就会被放下。既然医生说只能活 3 到 6 个月，那么只要活过了 6 个月就等于是一种成功。因此不要为活多久而执著，要为能活更久而努力。

“今后的人生已经是一种恩赐，应该为现在还在活着而感恩。”

“能活一个月也好，两个月也好，十个月也无所谓。”

只要持有积极的情绪和轻松的心态，身患绝症的患者和家人都会在最后的时光中感觉到幸福。但如果这位妻子一心想要拯救丈夫，那么一旦丈夫离世，她心中就会因选择了错误的治疗方式而自责，人生中也只能徒留一腔悔恨。如果丈夫想去深山中生活，那么随其心愿便可。若是纠缠在“必须去山中静养”或是

“必须在医院接受治疗”的问题上，那么个人意志就会束缚在最后的结果之中。既然已经活过了医生告知的死亡期限，就应该有一种虽死无憾的态度，这样心灵上也会变得更加安和。

想要拯救丈夫的心理固然可以理解，但人终有一死。我们在今后的某个时刻也同样会面临死亡，只是时间上的长短不同罢了。若是带着死亡的畏惧去审视自己成功与否，那么今后的生活将惶惶不可终日。

因此，只要活过了医生告知的死亡期限已然是一

种成功。此后的日子里只要抱着“虽死无憾”的心态活着，就算明天便会死去也是一种成功，几个月后死去也是一种成功，一年后死去则更是一种成功。

克服了生命的极限后，只要抱着感恩之心活着，那么即使多活一天也是快乐的。所以说，在祈祷时不应请求佛祖保佑，而是要带着释然之心去感恩我佛的恩惠。此后的人生也会因此而得到自由。

人生的意义不在于年高几何，而在于心态安和地活着。如果能放下对生之执著，那么身体和心灵也将获得解脱，而且会更加健康长寿。

无意识的世界中的过往

人们常说，年纪越大就越像个孩子。这是一种意识渐渐模糊、陷入无意识世界时所产生的现象，痴呆症就是其中一种。当现在的意识作用经常停止的时候，人们就会在无意识中像做梦一样陷入过去的回忆之中。

我的父亲在离世之前，躺在床上有如此梦呓：“哎呀，快去看看灌田的渠水。”这正是父亲以前从事农活时的回忆。就算是冬天，父亲也经常唠叨：“那儿的水溢出来了，快去挡上。”这正是父亲陷入了无意识的世界中，犹如看电影般回忆着过往的一切。这就是痴呆症的特征。但如果不了解这样的特征，那就难免会与患有痴呆的父母产生矛盾。

“婆婆已经 86 岁了，却经常执著于过去的回忆，一会儿嚷嚷着要去找小学同窗，一会儿又嚷嚷着要去父亲的坟上。这让我们心力交瘁。”

这正是婆婆儿时的回忆在无意识地发挥作用，当这种回忆支配其意识时，就会谈及儿时的同窗和父亲的话题。

儿时的记忆是保留得最长久的。因此，儿时的童谣在上了年纪时也不会被淡忘，依然能够脱口吟诵。而且在过去的回忆中，辛苦和伤痛的记忆比幸福的记忆要保留得更加长久。至今为止，儿时的旧事依然记忆犹新。比如，在三四年级时，男同学经常会调皮捣蛋，用小刀割断女学生们的橡皮筋。而女同学们都能记得清清楚楚，但男同学们却鲜有人能够记住这段回忆。我在小学时代，那些由于没有写完作业而被打手板的记忆历历在目。但如果回过头来去问老师，他们可能已经把这段过往完全淡忘了。

如果老母亲每天梦呓着儿时的回忆，那么不妨换个角度思考问题。母亲年事已高，总是对过往云烟念念不忘。我们何不静下心来随同母亲一同回首那一段段美好的往事呢？因为这种对过去的回忆并非错事，也并不需要改正，母亲只是陷入了一种无意识的状态而已。

痴呆症患者若是进入了无意识的世界，心智便可能会返回儿时的状态。5 岁到 7 岁的儿童会常常依赖自己的父母，而 8 岁以上的儿童便会时常嚷嚷着要与小伙伴玩耍。

这都属于正常现象。若是老人想见朋友，那么只需要顺从其意愿，开车带着他们外出转上一圈即可。在这种情况下，生硬粗鲁的顶撞是非常不可取的。

还有些时候，如果母亲嚷嚷着要去为父亲上坟，那么不妨用温和的语气稍加劝导："今天天气不好，我们明天再去好吗？明天是个晴朗的好天气。"或是："今天太晚啦，我们明天再去吧。"这样委婉的推辞可能就会让母亲忘掉想要去上坟的愿望。

如果母亲仍执意要去上坟，那也不要粗鲁地顶撞，只需要耐心地与之交流。比如说 ：“看来您真的很思念父亲。”或是说 ：“小时候父亲是不是很亲切？”用如此语言交流，就会很好地转移话题，且不需要真的带其前往。

有位朋友的婆婆患上了痴呆症，而丈夫的弟弟去了国外。婆婆时常会问及小儿子的去处，朋友为此大伤脑筋，于是便前来与我谈心。

痴呆症患者的一大特征就是健忘。他们总是会不厌其烦地发问，又忘却，然后再次发问。因此，每当婆婆问起“孩子去哪了”，只需回答“去学校了”便可。我们可以将这种回答当成是在念佛。就像可以每天默念观世音菩萨千次一样，婆婆问一百次就回答一百次好了。就像拜佛一样，每件事都应该用积极的心态去面对。何况实际上婆婆发问的次数也远没有这么多。既然我们可以每日不厌其烦地念佛一千次，那么重复回答婆婆数十次的问题又有何不可呢？

对于婆婆的重复发问，回答也不必太过详细。由于婆婆并不了解实际情况，因此只需要一些简短的回答即可。

因为婆婆的发问往往是没有任何意义的，因此不需详细的为其解释说明，回答的具体性和真实性也无关紧要。我们可将回答看作是一种应付。比如说，

“去学校了”、“在房间里”、“去外地了”，等等。况且婆婆也并非是终日发问，本人也会因为发问而感到疲惫。因此，对于婆婆的痴呆症只需要给予适当的谅解即可。只要了解了痴呆症的特征，那么彼此间的矛盾也将迎刃而解。

无人不希望自己年老时依然精神还好，远离痴呆症的侵扰。有人曾问：“修行是否可以让人远离痴呆？”可惜的是这并没有绝对性的根据。

痴呆可以是遗传性的，过度利用神经也可以导致此症。虽说内心平和之人比内心焦虑之人患上痴呆的概率要低很多，但并不是说修行一定可以抵御痴呆。比如说，吸烟者不一定必定患上肺癌，而非吸烟者也不一定不会患上肺癌。只不过吸烟者患上肺癌的概率比非吸烟者高上很多。同样的道理，修行可以使人内心平和，忧虑之事甚少，患上痴呆症的概率也要低很多，但不能说修行就一定可以让人远离痴呆症。

修行的目的在于让人获得幸福，并非是获取财富、地位或是健康。表面上看来修行可以让人精神稳定，内心平和，身体也会更加健康，好似任何事都会做得风生水起一样。但换而言之，打高尔夫球时，内心平和之人的成绩要比内心焦躁之人的成绩更好；运营商店时，内心平和之人要比内心焦躁之人更具亲和力，生意也会更加红火。由此可见，这些身外获取之物也只是修行导致的副产物而已，并非修行的真正目标。

修行的意义就是要使人无论身处何种境地，都会持有积极的态度去坦然接受既定的现实。健康也罢，病痛也罢，有些事既然无从逃避，就要学会坦然接受。只要持有这种平和的心境，那么即便某日痴呆症降临，我们也会一笑了之，用智慧的态度去寻觅应对之法。

春動江天外

放下对死后世界的畏惧

我们为何要畏惧死亡呢？那是因为死亡意味着一切将灰飞烟灭，不仅会为他人造成痛苦，而且自己的内心也会弥留强烈的不甘，因此畏惧之心便油然而生。也正是因为人们畏惧死亡，所以为了克服这种畏惧，来生已然成了一种渴望。死亡并非是一种终结，而是来生的另一种形式的延续，或有可能到达更美好的世界。人们常常凭借这种可能去冲淡内心对死亡的畏惧。

是否真有来生并非是问题的核心，重要的是这种概念是否能使人们从死亡的畏惧中解脱出来。离世之人若是真的烟消云散，那么生者该会多么悲戚。只有期许着离世者去往了更美好的世界，生者心中才会得到些许的慰藉。从此种角度而言，比起死后世界是否存在的真实性，其对生者所具的现实意义则显得更加重要。

既然来生之说并非全然没有意义，那么数千年来人们为克服弥留之际对死亡的畏惧而实施的方法也并不是不可以接受的。

然而，过度地强调来生也会产生很多副作用。比如兜售天国赎罪券，强调大办丧葬，等等，全都是一些借宗教之名的恶劣行举。

从修行的角度而言，对死亡的畏惧只不过是一场梦境而已。正是因为没有了对死亡的畏惧，能够坦然接受人死灯灭的自然现象，那么死后世界的有无，死后该何去何从，也就都全然没有了意义。若是没有了畏惧，那因畏惧而产生的各种心理现象不正如一场梦境吗？无论是美梦还是噩梦，终究是一场虚幻，只要勘破了畏惧的本质，所有的问题也终将如浮云幻影般烟消云散。这便是所谓的超脱了生死。这种超脱并非是指永生不灭，而是已然从生与死的错误认知中解脱了出来。

佛教对死后世界有诸多阐释。比如死后可往极乐，或是轮回转世，但这些却无法被证实。诸多其他宗教也有不同的解释，但同样无法被证实。因此，我们只需认为所有的宗教都各有千秋便可。既然是无法证明的事物，那么也自然无法辨明谁是谁非。

“无论身负何种罪恶，只要去神圣的恒河沐浴，就能脱胎换骨在天国中重生；无论多么的善良，如果不去神圣的恒河沐浴，也注定与天国无缘。”

这是佛陀尚未灭度时，印度人普遍信奉的传说。因此，人们争相前往恒河神圣沐浴，即便是死去的尸体也会在河中清洗一遍。人们坚信，只有如此才可以升上天堂。

有人听到这样的传言，去请教佛陀，婆罗门的传说是否正确？佛陀并没有给出错与对的评判，只是给出了这样的回答：

“若是他们的话是正确的，那么江中之鱼应该最先升入天堂吧。”

若是认为在神圣之水中沐浴便能升上天堂的话，那么终生生活在水中的鱼类岂不是天堂的首客？佛陀的这句话中蕴含着警醒。

按照佛教中的轮回之说，如果人过度贪心则会轮回为猪，过度痴妄则轮回为牛，过度歹毒则轮回为毒蛇。然而，猪就真的很贪心吗？猪饥饿之时虽饕餮而食，但若吃饱之后却绝不多吃，剩下的食物若是被其他的猪吃掉也不会去阻拦。

但人类却非如此。古诗有云："朱门酒肉臭，路有冻死骨。"这足以说明人比猪要贪婪得多。狮子虽然凶猛，但若是腹中有食，也不会贪婪眼前触手可及的兔子。

"贪心之人来世为猪"的说法只是猪饕餮进食而给予人们一种贪婪的表象罢了。其实，人死后是否会轮回为猪是没有任何证据可证实的。宣扬这种轮回观的本为印度教，而非佛教。但世人却多将这种印度教信仰误纳为佛教。此可谓非正确的信仰。

有位老奶奶忧心忡忡，曾对我如此叹道：

"我曾虔诚祈祷，但愿望却好像不能成真了。"

"您为何事而祈祷呢？"

"我的孙女将面临高三的升学考试，我虔诚祈求过观世音菩萨保佑。"

"那您的忧虑从何而来呢？"

“我的孙女加入了基督教会。”

老奶奶认为虽然自己虔诚地向观世音菩萨祈求保佑，但孙女却加入了基督教会。如此，自己的祈祷怕是一场竹篮打水了吧。因而，我如此安慰道：

“请您别担心。观世音菩萨是位大慈大悲的菩萨。”

大慈大悲的观世音菩萨会因为一个高三的小女孩儿加入教会而斤斤计较吗？如果没有如此容人之量，岂会被尊为观世音菩萨？我们的信仰经常会被自己的标准左右，以个人之心去度上帝或佛陀之量。

因此，不要为死后世界的存在与否而烦恼。谨记，正直而生者，若有极乐，则必往之；即有地狱，亦不堕之。遂其忧可免。

我们应该将重心放在如何生活上。如果今天过得很好，那么明天也会变得更好。如果今天蹉跎度日，那么又如何去期待明日的美好呢？身负恶业者去地狱接受惩罚本是应当，但若身负罪恶者非但不想接受地狱惩罚，反而却妄想通途极乐，这便属不良心术。不行一善而妄想极乐，罪恶滔天却妄想脱地狱，只是一腔愚蠢痴妄罢了。种下恶因，又岂能得到善果呢？

真正的基督教徒不必为生死而忧心。因为升入天堂还是堕入地狱，一切自有主来审判，而且主的旨意只能服从不能违抗。因此，信仰者并不需要为死后何去何从而忧愁烦恼。若是佛教徒，便应该明白一切行为皆生业报，一切业报又会带来诸多苦乐果报。因此，信仰者不需要为明日何去何从而担忧，只需播下今日善因便足矣。有善因则必有善果，那么担忧之事又从何而来呢？

生与死仅仅是一种变化

“高寿”是很多人难以抛弃的执念。俗话说，好

須菩提若有人以滿無量阿僧祇世界七寶持用布施若有善男子善女人發菩薩心者持於此經乃至四句偈等受持讀誦為人演說
其福勝彼云何為人演說不取於相如如不動何以故一切有為法如夢幻泡影如露亦如電應作如是觀
壬辰秋月錄金剛經四偈

死不如赖活着，这句话说明人们宁愿忍受痛苦，也不愿放下心中的那份眷恋。人们总是希望能活到子女完婚，看到子孙满堂。然后又想活到孙子孙女上大学，看到他们美满的婚姻生活。总而言之，便是迟迟不愿告别眼前的一切。

尽管人们一再地去刻意回避死亡，但每当看到身边的人寿终正寝时，却依然无法避开那种对死亡的畏惧。当看到世人为家庭辛劳付出时，有人提出过这样的疑问，“肉身是否会与灵魂一同消亡，如果答案是肯定的，那么为何还要在人生中执著于奔波劳苦？”

其实，在走向死亡的过程中，身体的油尽灯枯也只是自然现象罢了，并非有想象中的那样可怕。死后轻棺而眠，火葬时也不会浪费多少能源。若是能像烛火那样悄然而熄又有何不可。如果在弥留之际能够保持神志清明，那便更是件幸事。

《般若心经》中有“不生不灭”这样一句偈语，其含义并非是永远不变、固守永恒，而是指“所谓生灭，其实就是不生不灭”。

大海上波涛往复，一波平息一波又起，生灭不息。但如果从大海的整体来看，波涛本无生灭，它们只是一道道海水的波纹罢了。如果将大海比作人生，那么则可以说人生亦无生灭。然而，如果将起伏的波涛比作人生，那么人生便会有了生灭。因此，我们可以这样理解，生灭其实并非实际存在，而只是一个认知的差异罢了。

碗中放着一根冰棍，五岁的孩子外出游玩回家时，发现冰棍消失了，只剩下一碗水。这个时候孩子会说什么呢？他可能会说："妈妈，冰棍消失了，变成了一碗水。"这个时候，妈妈了解事情的过程，会跟孩子柔声解释，冰棍没有消失，水也没有产生，而是冰棍转换成了水。

我们总是像孩子一样，带着这样单纯生灭观去看待世界，因此才会因生而喜，因灭而悲。但如果从整体的角度去看，我们就会发现这也仅仅是一种变化罢了。于是"不生不灭"就可以讲得通，辩得明了。换而言之，生并非生，灭也并非灭，这只是一种变化而已。

呼吸停止，身体消亡，或是细胞的新生更替，都是同一种变化。松树的叶子在凋落的同时，新生的叶子就会长出来，因此才会看到四季常青。细胞的新生更替也如这种变化，身体的消亡就犹如深秋枝叶凋零的枯树。实际存在的仅有变化而已，若看到了其中的变化，则可谓生；若看不到，则可谓灭。若看破了其

中的变化，则可谓新生。

我们的念头也是如此，一念突然萌生，或许又会突然消逝。尽管我们可能都曾许下过“爱到海枯石烂”的誓言，但随着岁月的流逝，这种痴心也许会渐渐淡去。但若心已变却不想承认，或是期许自己始终赤诚，如此便陷入了执著。痛苦并非是因变化而生，却正是生于这种不愿变化的执著。

但如果将变化看作是一种理所当然的现象，那么当我们重新审视变化时，痛苦也自然不会产生。看破了大海的波涛，抛下世间万物必有生灭的执念，我们便不再会因生而喜，因灭而悲。如果正确认识这种变化，那么痛苦和遗憾便会烟消云散。反之，如果只是局部地认识这种变化，那么痛苦和遗憾则会在所难免。因此，如果将衰老和死亡看作是一种自然的变化，那么人生之苦便会消弭于无形。

轻生，自我伤害行为本不该

全世界每天的自杀人数骇人听闻。特别是寒窗苦读的学子与刚踏入社会的青年，这些群体中自杀事件发生率居高不下，这无疑是一种社会之痛。在我举行的演讲活动中，无论是以大学生为对象，还是以普通市民为对象，都能深刻地了解到自杀行为所带来的家庭痛苦，与此同时也切实感受到问题的严重性。

那么究竟为什么有人会抛弃自己的人生呢？其个人原因便是由“自我认知错误”引起的。

我们内心都有与以下类似的自我印象。

“我是这样的人。”

“我应该成为这样的人。”

“我想要成为这样的人。”

“我是这样的”，是一种与他人评价无关的自我定义印象。这被称为自我、自我印象、超自我意识。我们总是会打造出一种类似“我是这样的人”般想象中的自我，并形成将想象中的我认作成自我的错觉。

但问题是，很多人会将想象中的我定位得过高。当今很多家庭中的孩子承受过度溺爱，从而形成公主病或王子病，使得他们心中勾画出了过高的自我印象。当这种自我印象与现实发生碰撞时，他们就会将与想象中完全不同的自我进行过分贬低。

当人们与“想象中的我”共同喜怒哀乐时，与“现实自我”的差距也会日益渐远，最终会导致自我与想象中的我难以适从。当开始认为自己一无是处，并逐渐加深这种自我印象时，就会羞于与人相处，终日自我封闭。一旦这种境况步入极端，就会产生“我这种废物应当消失”的心理，最终便会导致轻生行为。换而言之，超自我意识抛弃现实自我行为，就是自杀行为。

而且我们也会勾画对

方的印象。比如，“我的爱人必须是这样的人”，就是一种想象中的印象。但当现实中的爱人与之不符时，就会产生不满和厌恶。虽然分手便可万事大吉，但如果对方不愿分手，那么有人就有可能做出极端性的选择。无论是伤害自己还是他人，都是一种自我勾画印象对于现实的否定。

杀人与自杀的过程并无太大差异，都是由于无法正视对方（自我）、偏执于自我标准，因此便会形成极端心理：“你（我）本该如此，却没有如此。你（我）这样的人一定要消失。”因此，想要驱走对方，方法就是：“看到你都讨厌。”“不要在我眼前出现！”如果这样仍不能称心如意，那么就会做出让对方（自我）永远不再出现的杀人（自杀）行为。

可以说自杀是一种与杀人无异的犯罪行为，只是由于没有对他人造成伤害，而无法受到处罚而已。更有甚者，自杀者会产生“我一个人死太委屈，我要跟别人同归于尽”等心理，对于不特定的其他人群做出盲目性的杀人行为。

如果想要从根本上解决自杀问题，就需要抛弃对自我印象的偏执。这并非是指要将超自我意识与现实自我刻意重合，而是要认清和抛弃虚假的自我意识。当坦然地接受现实自我时，问题自然会迎刃而解。

因此，我们需要坦然正视自己。即使有口吃的毛病，那依然是自己；即使双眼患盲，那依然是自己；即使学习成绩不好，那依然是自己。这都是现实而已，我们要接受和珍视这种现实。石头有大有小，但却无关优劣。只要能做到坦然接受自己，那么便等同于做到了自珍自爱。

如果无法接受现实，那么就会产生自我憎恨，甚至是自我虐待。为了能彻底解决这些问题，第一步要从坦然接受自己出发。若是口吃，只需勤于练习说话即可；若是腿脚不便，只需勤于练习走路，加以弥补即可。从现在的我开始，一步一个脚印，坚定向前，哪怕是前进一小步也意味着成功，自尊心也会油然而生。但如果按照想象中的自我标准前进，那么无论现实自我如何进步，依然都无法达到想象中的标准；结果也只能导致自我不满，进而自责，最终绝望。

现在的中学生或大学生很多都处于心理上的压抑状态，而这种状态正在因家长们的期望而日益加深。他们从周边环境中受到的要求太过繁杂，并努力想让自己满足这些要求，或是满足过高的自我期待，那么当无法满足时，就会徘徊于自责、绝望，甚至是自我抛弃的边缘。从这种角度而言，家长和老师们的催促所表现出的意义也并非一定是正面的。

“没关系。不用伤心，你做得很好了。”

这样轻松愉快地交流可以让青少年们放下沉重的心理包袱，踏着轻快的步伐迈向明媚的人生。

“求死”的宣告无法掩盖“求生”的欲望

如果说自杀的个人性因素源自于自我印象，那么社会性因素则源自于家庭和社会，这也正是焦虑心理滋生的温床。因此，扼制自杀的方法也可以从中窥得一二。

在家庭中，父母的情绪会对孩子产生极大的影响。父母心理上的焦虑便能造成孩子先天性的心理焦虑。如此一来，当孩子陷入困境难以脱身时，就会很容易产生自我放弃的行为。

想要让孩子情绪稳定，父母首先就需要内心平和。丈夫应该要让妻子感到舒心，因为给孩子一个安定的成长环境，母亲肩上的责任重大。

对于孩子而言，总会有一种“母爱大于天”的印象。因此，母亲需要做出愿为孩子奉献一切的姿态，只有这样，孩子的精神种子才会健康地生根发芽，无论遭遇何种困境都会健康茁壮地成长。

若是一味催促着学习，就会让孩子感到压抑，很容易患上各种心理疾病。但若是周围环境舒适安定，那么即使有发病因素的存在，也不会导致患病。然而，如今的孩子因学习成绩而备受压力，在青春期或是考试之前总会产生各种各样的心理问题。来自周边的期待越多，导致心理疾病的概率也就越高。

学校中也需要构建一些深度关注学生心理状况的专门系统。从小学到高中等各阶段学校都需要配备为学生们解决心理问题的访谈医师，并通过心理访谈来治疗学生群体中的各种严重心理问题。

这个时代的所有人都在为站在胜利者的巅峰而拼尽全力。当下利己主义横行，心理弱者时常会在激烈的竞争潮流中郁郁而不得志，长此以往很容易走向极端。

自杀冲动需要受到重视，必须将之理解为一种疾病。人们通常将肉体疾患称之为病，却长久忽略了精神上的疾病。因此，心理上的问题才会愈演愈烈。比如某人心理状态极其不好，显得忧虑不安，从外表看来却毫无病色，周围的人们就不会认为这是一种切实的问题。

因此，周围的人们经常会劝其，“打起精神来，身体好好的，为何要如此颓废”。

当看到电视中的悲伤情景时，人会很容易感伤落泪。但若是旁人中途看见了，就会如此疑惑：“怎么突然哭了呢？疯了吗？”自杀者的心理状态与看悲剧伤感落泪时的状态无异，旁人无法理解这种自杀冲动的缘由，犹如生活在两个不同的世界。还比如，有人在梦中遇到强盗大喊救命，醒着的人可能会认为只是梦中呓语，但做梦者却依然在梦中夺命狂逃。

有些人声称“要自我了断”，但也并非马上就会

结束自己的生命。这只是在特定的环境下所具有的心理状态，若是改变这种环境，心理状态也自然会被改变。但很多旁观者总是不以为然，无法意识到问题的严重性，心想："总是喊着要死，怎么没死呢？"因此，在某人说"我想死"之时，旁人就会如此答复"那就去吧"。但如果当事者真的结束了自己的生命，那么因无心之语而导致的悲剧就会让其自咎。

自杀者对周围人群发出"求死"宣言，其实也正是一种"求生"的信号。在这种情况下决不可不理不睬，或是给出"那就去死"的刺激言辞。纵使没有真

的自杀，当事人也一直处于轻生的心理状态之中，因此旁人应及时给予激励，使其从极端的心理状态中解脱出来。

此时，最好的对策就是转移话题。“你为什么总是轻生呢？振作起来。”类似这种安慰话起到的作用甚微。产生自杀冲动时，人就如同陷入了泥沼，因此单纯给予鼓励是很难有帮助的。这种情况下就需要及时转移话题。比如说：“上次我们不是一去看电影吗？你还记得电影中的情景吗？”这种话题的转移会使极端心理无形中渐渐消失。

当我们深陷抑郁时，亲友来电或是有访客临门，心中的郁结就会被冲散。但若是将自己禁锢在封闭的世界里，就很容易产生轻生的念头。这时，我们就需要及时转换注意力，

只需 5 分钟或是 10 分钟就能从悲观的念头中解脱出来。此后，可以抱着轻松的心情约亲友共进一顿晚餐。环境转变后，自杀的冲动也将被打破。

如果某人经常发出“轻生”的宣告，那么旁人就容易习以为常，认为这是一种懦弱的表现，因此便会抱着不以为然，甚至是不耐烦的应对态度。如此，便很有可能与挽救生命的机会擦肩而过。

与众多有过轻生念头的人士交流后，我发现一个微小的契机往往就能改变自杀的冲动。曾经有位轻生者想要去山上服毒自杀，奈何登山客人来人往，总是找不到机会。因此，他想找个清静之地自我了断，但好不容易找到一个理想之地时，却又遇到了众多入山采药者。又经一段时间苦寻清静之地无果后，轻生者干脆放弃了轻生的念头。

还有位轻生者想要去山上自杀，但无意间碰到了山中猛兽，于是便呼喊着“救命”，夺命狂逃。此时呼喊的“救命”，其实出于人类的求生本能，而这种本能却在无意识中驱散了自杀的念头。“既然想要求死，为何又要逃命？”这段经历往往会让人忍俊不禁。由此可见，只要随时将注意力倾注于周围环境

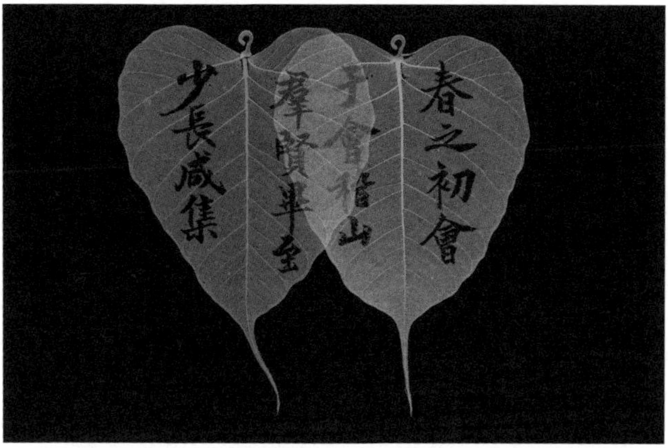

上，在个人境遇转变的同时，极端情况也自然可以避免。

如果感觉到自己产生了自杀冲动，那么就需要及时去医院接受心理治疗。这种冲动多产生于季节变化之际，若是感觉到焦虑不安，必须及时治疗。闷头单独在家也容易产生自杀冲动，因此需要经常外出让身体保持运动，或者漫步，或是去公共浴池。环境的变化对于心理的转变很有帮助。

积极地接受治疗便可治愈心理疾病，但若是轻视治疗，使得心理问题趋于慢性化之后，即便偶尔可以压制自杀冲动，但却不能治本，在病情反复之后就可能最终结束自己的生命。由此可见，尽早发现心理问题并及时治疗，是非常重要的，切不可忽视。

3 章 天下无不散之筵席

在世时无怨无悔，离开时无牵无挂，这便是最美好的别离。

薤上露，何易晞

父母在世时不懂珍惜，淡漠感恩。然而，时光如白驹过隙，转眼便会留下“子欲养而亲不在”的遗憾，其间痛楚只有当局者才能深有体会。还有些人当丈夫或妻子依旧在畔时，不懂得相敬如宾，却为一己之愿在居家琐事中斤斤计较。对待子女时也是如此，子女身体健康时，便要求其成绩优良，学习进步之后，又期望其名列前茅。如此这般，父母总是看到子女的不足。如果亲人在侧时不懂感恩，只是一味倾泻不满和憎恶，那么离别之时又怎能逃离悔恨和痛苦的折磨？

我曾经听过这样一个故事，一场美好的婚姻因突如其来的交通事故化为泡影，闻者垂泪。

“她生前为老人和孩子付出了很多，但我却经常因为各种琐事发泄不满，令她伤心不已。随着时间流逝，我心中的自责日益深重，有时甚至会想是不是我害死了她。”

类似这样的例子屡见不鲜。亲人在侧时不懂珍惜，只有当失去后才感到后悔莫及。然而逝者离去的责任又何必强加到自己身上呢？逝者已去，对过去种种的自责也只是一种自我禁锢罢了。

自责感源自己身，对过去的思念同样源于己身，这与逝者并无任何关系。因此，对逝者的眷恋和悔恨实属不该，坦然面对离别才是世间正理。

父母离世时，最为悲伤者当为不孝之子。父母在世不懂欢绕膝下，待到天人永隔再去悔恨痛哭，又有何用？真正的孝子不会痛哭。因为父母在世时已尽孝道，故而也不会留下悔恨的泪水。父母已逝，再去大办丧葬，祭品满席，是毫无意义的。而父母在世时，就算奉上一碗水也算尽到了孝道。

父母离去后，奉上一句“一路走好”，坦然面对离别，才算是真正的荐度。纵使有千万般悔恨，都已俱成往事。怀着一份释怀去面对明天，无论是对生者还是逝者都是值得宽慰的。

没人能亘古长存，人生中难免会被病患侵袭。但痛苦不能治愈疾病，更不能留住生命。因此，在父母患病时请奉上一碗热气腾腾的饭菜，为他们打扫一番房间，露出微笑让他们感到欢欣。若父母患病时，我们总是忧心忡忡，战战兢兢，那父母本身也会心生不安。即便他们明天就要离去，那么也要用微笑填满余下的每一分钟，好让他们安然而去。

有位女士的婆婆在10年前离世，她至今想到婆婆时依然会伤心落泪。这位女士曾问过这样的问题：

“我总是祈祷婆婆能够往生极乐，但真有极乐世界吗？”

我曾用《圣经》中的一节经文回答她的问题，“信者有福了，天国是你们的。”这句话的意思是无论有没有极乐世界，只要坚信“婆婆去往了极乐世界”，那么于自己而言便是一种宽慰。反之，如果认为婆婆堕入了地狱，那么内心则不会安稳。再者，若是没有信仰，那么内心则没有寄托。

有人痛哭流涕，希望与逝去的亲人在梦中相见。思念的程度愈演愈烈，脑海中亲人的印象便愈加深刻。但肉身已然不在，这种印象便会成为痛苦而存在。因此，这种对亲人的痛苦眷恋应该当断则断，奉上一句“一路走好”，让生者安宁，逝者安息。

不久前，有位父亲中年丧子，精神上受到巨大打击。白发人送黑发人的痛苦如同食肉寝皮，但他却不得不接受眼前的现实。其中的浓烈悲伤难以言喻，生者恸哭难以抑制。

为子女送行固然不易，然而天下无不散之筵席。若是对离别留恋不舍，彻夜悲伤以泪洗面，那么逝者又如何得以安息？

无论是丈夫离去、子女离去还是父母归天，在葬礼结束之后便要适时放下眷恋。若是时常睹物思情，就不妨将逝者的遗物封存起来。若是整天面对这些遗物，心中的思念只会与日俱增，难以放下心中执念。

亲人在世时要使其无怨无悔，离开时要使其无牵无挂。而且祭祀对生者的意义要远高于逝者，生者对逝者的荐度同样只是一种安慰。但若是生者的悲伤和眷恋难以释怀，逝者又怎能安心轮回。

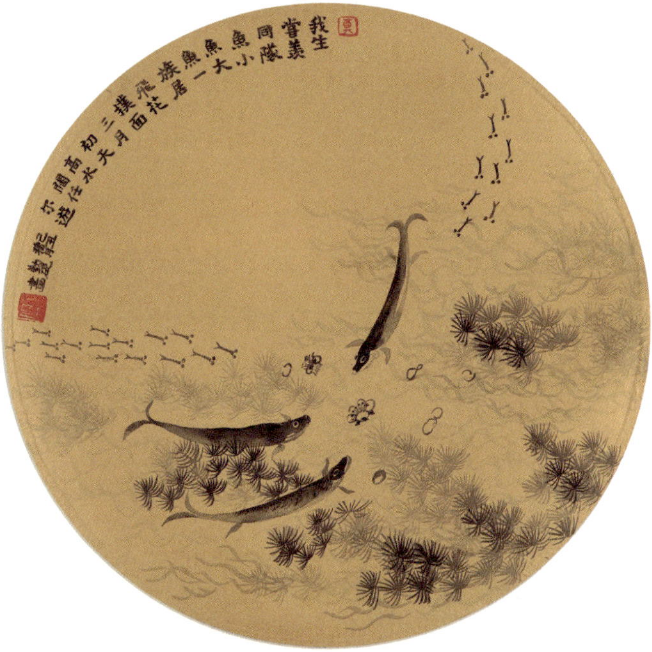

因此，只有抱着坦然的心态面对离别，逝者才算是真正的安息。

人死一去何时归

“14 年前儿子离开了我们，那时他才 9 个月大。当时我们在外屋闲谈，但午睡的时间已过，依然听不到儿子的哭闹。等我进屋时，他已经停止了呼吸。”

这是一位母亲 14 年前丧子的苦痛回忆。那段沉痛的经历虽然已经过去了 14 年之久，但至今忆起这对夫妇依然忍不住以泪洗面。这种长期的思念就是一种“仪式化”的精神现象。

如果过去的事件总是像电影画面一般历历在目，那么身体和心灵上产生的痛苦将永不会消失。

这种情况下用眼泪宣泄情绪并不能安慰心灵。每逢此时，只要转换思维、转移话题就能从这种仪式化的痛苦中解脱出来。但若是再次想到逝去的亲人时，那么这种仪式化的悲伤将再次浮上心头。

有位夫人因丈夫去世而身陷痛苦，但这种痛苦并非源自于丈夫的去世，而是因为长期沉浸于丈夫去世的事实而产生的仪式化悲伤。在丈夫的葬礼期间，夫人看到美食依然很有食欲，她将注意力倾注于美食上时并不感觉痛苦。这是因为这一瞬间，她无形中放下了对丈夫去世的执念。但过不了多久，当她想起丈夫时，痛苦便会再次袭来。由此可见，痛苦并非是亲人去世的产物，当我们陷入对亲人去世的回忆而无法释怀时，才会导致痛苦顷刻袭来。那位 14 年前丧子的母亲正是由于对儿子之死久久无法释怀，才会长期遭受痛苦的折磨。

这对夫妻认为儿子死于自己的疏于照看，因此至今还在深陷自责。既然孩子是在睡梦中死亡，那么很可能患有心脏麻痹疾患。那么即便孩子长大成人，依然可能因心脏问题深受折磨。从某种角度而言，儿子的早夭免除了己身的痛苦。假如儿子在小学时离世，那么父母可能会面临更沉重的打击。

儿子并非是因父母的失误而死，而是一场自然死亡。因此，无须自责。执念需要放下，因为“今生的儿女之缘已尽”，祈祷“儿子来生身体健康”是父母能够尽到的最后责任。

该为谁而祭奠

“第一孩子死于心脏麻痹，在为其火葬的当天，我得知怀上了第二个孩子。想到腹中的胎儿，我本应该平息丧子之痛，但却因久久无法释怀，使得二次十月怀胎变得更加辛苦。第二个孩子出生后表现得非常敏感，情绪也很是暴躁。我得知这都是十月怀胎期间为其带来的不良影响，于是心情再度变得非常沉重。”

母亲历经丧子之痛固然有万般悲伤，但逝去之事已无法挽回。若是放下了早夭之子的执念，那么就应让第二个孩子健康地成长，又何苦如此般在悔恨中自寻苦楚呢?

如果母亲在怀孕期间精神抑郁，那么出生的胎儿则会很容易患上神经衰弱或抑郁症。

但若是看到孩子这般模样再次陷入悲伤悔恨，那么下一个孩子则会遭遇同样的不幸。因此，及时放下过去的悲伤和悔恨，专注于眼前孩子的培养才是正理。

“同样的错误不该重蹈覆辙。”

有了这样的明悟，就应该坦然面对早夭之子的离去，给予第二个孩子更多的关爱。

“我没有保护好孩子，我应该负责任。”

如此自责是没有价值的。在自责和悲伤之中，第二个孩子也在成长。由于母亲的影响，他的人生同样会满怀悲伤。因此，与其自甘承受因果之报，不如在第二个孩子身上倾注更多的关爱，同样给予自己一个解脱的机会。

丧子之痛固然使人悲伤，但如若无法从悲伤之中解脱出来，那么苦痛的因果将循环不息。有位失去长子的母亲因儿子的祭奠问题前来与我面谈。

“6 年前上高一的长子在清晨离开人世。由于万分悲伤，我决定为孩子举行祭奠仪式。但每当我看到祭奠的场面，就会感到更加痛苦。而且次子也不愿参加祭礼。我不知道该如何是好。”

母亲在长子的祭奠仪式上悲痛万分，那么次子在兄长的祭礼上的心情又该如何呢？每逢祭礼都会想到兄长的亡故，准备祭礼时看到悲伤的母亲，自己也会更加悲伤。如此一来，次子的心中也会埋上一颗悲伤的种子。

长子在睡梦中死去，并无痛苦。痛苦的也只是生者罢了。发觉长子离世，甚至没有来得及送医治疗，这让人怎能不痛苦？然而，祭奠之礼虽然是为逝者准备的，但事实上除了只会为生者徒增痛苦之外，与逝者而言并无意义。这只是一种母亲弥补自身遗憾的方式罢了。

但换个角度想一想，若是长子未死，而是以植物人的状态在医院卧床十年，结果又会怎样呢？虽然现在想来，如果真是那样那该多好。但若是事实真如那般，那么可能又会是另一种心态了吧。

如今遗留的痛苦，该放下的便要放下，自我的心灵整顿已经刻不容缓。若是对长子之死始终难以释怀，那么祭礼带来的仅仅是一腔悲苦。而且次子也会难以脱离兄长之逝的阴影。

因此，只有母亲放下了对离世长子的执念，次子才会健康成长，痛苦的因果循环才会由此终止。

两三日的悲伤已足矣

我们理应放下对逝者的眷恋。只有如此，他们才能断绝对世间的迷恋，从而往生极乐，或升入天堂，或是轮回转世。奈何众生愚昧，迟迟不肯放下对逝者的追思。逝者去后，生者悲伤三日便已足矣，这就是三日葬。只有伟人仙逝，诸多崇拜者会哀悼三四日、五日，乃至七日。

三日悲伤过后，只有露出微笑，才会迎来美好的明天。无论是父母离世、子女离世、丈夫离世、妻子离世，都要如此。日后，即便我离世，各位也绝对不能哭泣。只道一声“死得安详”便足矣。或许，我也有可能死于交通事故，那时各位只要口中叨念几句

“四处奔波，没想到却死于交通事故”，此后便忘了我吧。

不久前，一位中年丧夫的夫人来到我面前放声哭泣许久。随后我便如此劝道：

“找个男人嫁了吧。”

这位夫人听到我的劝告显得非常惊愕。

“您这是何意？”

随即便拭泪大怒。

“哭上一场，丈夫能否复活？”

“不能！”

“你不是还有个一岁的孩子？妈妈哭泣，孩子心中就会堆垒悲伤；妈妈微笑，孩子心中就会充盈喜悦。那么你到底是该哭，还是该笑？”

“该笑。”

“看到你每日微笑，孩子心中也会高兴。若是你每日以泪洗面，孩子自然也会随之悲伤。以孩子的角度而言，重要的不是妈妈跟谁一起生活，而是脸上是否能露出笑容。如果你真的爱惜自己的孩子，到底是该哭，还是该笑？”

“该笑。”

“孩子在母亲心中永远是第一位的。即便是在丧夫之际，最先担忧的也应该是孩子。如果真的爱惜孩子，就应该为其展露微笑。若是不善强颜欢笑，那就去重新建立一个能让自己微笑的家庭。”

又过了几天，一位弟子来到我面前满腹惊疑道：

“还记得前几天在您面前伤心哭泣的夫人吗？就在跟您交谈后的那天下午，我的妻子看到那位夫人跟她的婆婆有说有笑地在街上购物。您到底跟她说了些什么呢？”

丧夫之后终日以泪洗面，只能荒废自己的人生。所谓生死各有天命，这并非是谁的罪过。因此，没有

必要让自己为此背负自咎意识。

只有带着微笑生活，孩子才能健康成长。若是整日面带愁容，孩子在成长过程中就会受到极其不好的影响。二十岁左右时，孩子本应脱离对父母的依赖，展开自己的人生。但若是母亲时常掩面哭泣，孩子即便长大成人也难以迈出家门一步。无论做什么事都希望有母亲在侧，难以独立自处。即便是在与女生交往时，也时常担忧“她能不能跟母亲和睦相处”、“能不能照顾好母亲”。

因此，纵使是丈夫离世，身为母亲也要面带微笑幸福地生活下去。即使孩子有时会替母亲感到担忧，母亲也需要做出应有的担当，“别担心我，照顾好自己”。只有如此，孩子才能健康地成长。

与所爱之人天人永隔固然悲伤，但只有放下这份悲伤才能从痛苦的泥潭中挣脱出来。就算是为了逝者也应该懂得放弃。美好的回忆固然可以永存心间，但却不能留下无法撇弃的执念。若是因为思念而终日伤心落泪，那么逝去的灵魂又怎能得到安息。因此，为了逝者安息就应该使其淡然离去，为了自己安宁也应该坦然面对别离，为了家庭幸福，就必须放下心中不舍的牵挂。

遗留的礼物

没人能够脱离生老病死，各种纷杂的欲望会为我们的人生留下诸多遗憾。一位母亲在失去儿子后接二连三地陷入困境，她为我讲述了这样的故事。

“为了儿子的高考，我曾在释迦牟尼诞辰日前半月就开始凌晨祈祷。这样的祈祷一直持续了足足 73 天，但我却最终失去了乖巧听话、成绩优秀的儿子。之后，我的小儿子又因意外脚掌骨折。我在等红绿灯时被其他的车辆追尾，经过一番纠缠之后，我反倒成了肇事者。丧子之痛本来就是一场煎熬，为何还要让我接二连三地经历这么多莫名其妙的不平之事？”

这位母亲曾为了儿子能够榜上有名，进入好的大学学习，进行了长时间的祈祷。若是事先知晓儿子将有大祸临头，那么母亲可能就会无视学习问题，直接为他的健康平安而祈祷了吧。

然而，儿子在世时母亲只是为其能不能上好的学校而费尽心思。在儿子离世后才发现，学习成绩如何，能否上好的大学已全然没有了意义。

若是真心为子女着想，母亲该为何而祈祷呢？

“平安是福，只要子女能够健康安稳便别无他求。”

然而，时光难返，发生之事不可改变。既然如此，就请为乖巧懂事的儿子能够去往另外一个更加美好的世界而祈祷吧。

“我的儿子因为本性善良，才会先一步去往更美好的世界。”

如此作想便是温暖人心的慰藉。若是母亲终日含泪思念，那儿子又如何忍心离开母亲，只身前往那更美好的世界？因此，该放下时就必须要放下，还要为儿子的美好世界之旅而祈祷。

况且小儿子也只是脚掌受伤，实属万幸。比起长

子的离世，小儿子受点伤又算得了什么呢。

“感谢上苍。小儿子只是受伤罢了，能够活在世上已是万幸。”

如此心态便是坦然。如果小儿子的负伤都无法动摇母亲的意志，那么交通事故中损失些钱财又算得了什么呢？如果未来再次遇到些不平之事，那就不妨汲取当下的教训，将这些事件一一作比，孰轻孰重自然会有一番分晓。

“比起死亡或受伤，车辆追尾根本不算是什么，权当破财免灾了吧。”

如此想来，一切便没有那么糟糕，还有什么问题能让人感到忧心的呢？假如要接连面对四次困境，经历了一次之后，剩下的困境造就的压力就会逐渐消减。这就意味着果报正在逐渐消除，以后便可带着微笑面对余生。

日后若是有人将你推倒在地，那就需要提起抵抗痛楚的勇气，“儿子离世我都可以忘却悲伤，这些小事又算得了什么？”此后的人生已然无所畏惧。面对失去儿子的痛苦都能展演微笑，就算房屋失火、家财散尽，也一样能够泰然走完一生。这就是丧子之痛带来的醒悟，也是儿子离世后留下的最珍贵的礼物。

若是为丧子而哭泣，那么儿子逝去留下的只是一腔痛苦。反之，若是因丧子之痛而获得人生的智慧，那么这便称得上儿子走后留下的最值得珍视的礼物。日后无论遇到任何事故都应借这种塞翁失马的泰然心态去面对。

“这是儿子留给我的礼物。以前儿子在侧时，这些困境好似难以逾越。如今丧子之痛让我得到了警醒，眼前的困境根本不算什么。”

我们身上发生的任何事没有好事与坏事之分，任何事都是因自然因缘而发生的。若是认为是好事，那便是好事；若是认为是坏事，那便是坏事。因此，事情的好与坏也只在自己一念之间。

我们的人生总是会难免遭遇失败，如果保留失败时的伤痛，那么对于再次一次的恋爱或是创业就会心存畏惧。“如果再次像以前那样该当如何？”这种犹疑之心便已成为前进的阻碍。

我曾经经历过一件很不好的事，如果将那次事件认为是一件悲惨之事，那么只能为我留下痛苦的回忆。但若是将之当成是一种人生的经历，那么就会成为一次获得人生启示的契机，从中获益之多比数年修行还多。大部分人会将人生经历当作苦楚存于心间，因此世间便化作了一片苦海。然而重要的是，我们应从人生中经历的各种繁杂事件中获得教训。只有如此，我们才能面对困境越挫越勇，日益强大。

尽管丧子之痛犹如切肤碎骨，但却能因此获得人生的警醒，此后的余生已然无所畏惧。

“失去子女都能顽强生活，那么未来便没有过不去的坎坷。”

因此，无论天下之事如何变迁，我们都能面对世间风云万象，保持一片泰然。

破旧皮囊，何以执著

我们对于死者的肉身总是掺杂着说不清道不明的特殊情感。如果没有听过有关的话题也到无妨，如果听说过便会产生重重矛盾。有位先生就曾因坟墓问题陷入了烦恼。

“听说坟墓迁葬之后三年以内不能再迁了，这是真的吗？好像有人因为三年内又迁了一次而发生了意外，这是事实吗？”

试着移栽一棵树，它是马上就能正常生长吗？只有过了大概三年时间，重新扎根后才能正常生长。即便是水稻移栽，也需要时间扎根才能成活。人类也是如此，移居之后也需要一段时间的适应。因此，迁移并非是件坏事，只需要一段时间适应新环境罢了。

假如听到了三年内不准迁葬的传闻，那么不迁也罢。既然认为不吉利，那为何还要迁呢？但若是遇到事故非迁不可也无可奈何，又有什么可犹豫的呢？

有位先生的母亲周四去世。本来葬礼准备在周六举行，但若想要在美国的兄长参加葬礼，就需要将葬礼日期从周六改到周日。但周日却是 4 号，这位先生感觉有些不太吉利。但若是 5 号周一举行，还会有其他的一些不便。

葬礼本要寻求吉日，但这次却不得不在 4 号举行，于是便引发了一些争论。

“就算美国的兄长来不及参加也要在 3 号举行。”

“那怎么能行？葬礼一定要全部参加。”

由于家族的意见无法统一，这位先生便前去询问

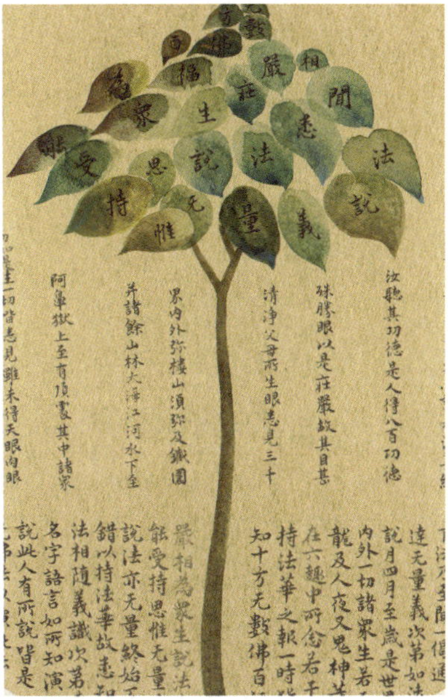

风水先生："4 号是否可以举办葬礼？"得到的答复是否定的。因此，若执意要在 4 号举办葬礼就需要作一场法事。据说让小孩在家祠挥舞长帆就能趋吉避凶。若是在逝者死后第三天做一场法事，那么第四天再去盖上棺盖就会万事大吉。家族的争论也由此化解。

但这种法事真的能起到作用吗？人生在世难免要出现各种意外，比如交通事故、房屋失火，等等。但如果葬礼后三年中发生了这种意外，他们一定会认为"是葬礼举办的有问题"。然后家族又将陷入争论。然而作上一场法事就可以避免这些问题，就算家族在三年中出现了意外，也不会有人认为是葬礼的问题。因此，做法事并非是因为其真正能起作用，而是能由此让家族安心，堵上悠悠众口。因此，做法事也并非是无用之举。

家族中人口众多，对葬礼的意见也是各种各样。在这种情况下就需要将全家族齐聚一堂，商议出众人都感觉中肯的方式为佳。还有位先生也曾因为父母的丧葬问题感到苦恼，家族也因此陷入混乱。

“父亲被举行的是土葬，而母亲被举行的是火葬。据说这两者不能合葬在一起。因为这个问题，我们几个兄弟的意见不一，不知道该如何是好。”

逝者的肉身就好比一具破旧的皮囊，若是想火葬那便火葬，若是想土葬那便土葬，若是想要水葬也并非不可。从本质来讲没有任何意义，只需按照本地风俗安葬即可。

基督教认为人死之后最终要复活升入天堂，佛教认为人死后会往生极乐世界，或轮回六道。

还有印度教认为人死后会轮回转生为新的生命。如此说来，一具遗留下的破旧皮囊就算烧掉又有何不可呢？

逝者的丧礼如何隆重，祭品如何丰富，只是生者的一片心意罢了。

因此不需为这种问题多费心思，家中兄弟们若想将父母合葬那便合葬，若想将其分葬就便分葬。逝者的肉身好比破旧的衣物，而父母的旧衣物被埋进土里或是被烧成灰烬又有何区别呢？将父母的旧衣物埋在一起与否又有何区别呢？所以说，为了两件破旧的衣物根本不值得去争执。只是生者难以放下对逝者的执著罢了。

朝鲜时代的元晓大师为躲避风雨进入了一个洞窟休息，早晨起身时才发现这是一座坟墓。古时高丽时代的墓葬为了躲避风雨侵蚀，因而会挖掘墓室来安葬

逝者的尸体。

但在第二天晚上以后，元晓大师在梦中时常梦到鬼神。最终元晓大师心中有了明悟。

“开始不知道这是座墓穴之前，我睡得非常安稳。知道这是座墓穴之后，却而心生烦恼。如此说来，一切思绪当由内心所生。”

有没有鬼神只在自己一念之间，墓穴却还是那座墓穴。生者为逝者所做之事也不需要争论，只需共聚一堂商议出共同认可的方法即可。生者和睦，逝者安息，便是最好的结局。

4 章

解开伤痛心结

日益宽容、理解、成熟，这本是我们人生中应该前进的方向。

敞开自己的心扉

随着年龄的增长，我们就应该逐渐变得宽厚，让人际关系变得更加圆润。只有心存理解，才会更坦然地去包容、关照他人。在农耕社会，努力耕作的同时年龄也在日益增长，膝下的子嗣满堂。自己的暇余越来越多时，内心也会愈加宽厚。但如今，五六十岁的年长者依然还在奔波劳碌，在生计压迫之下，想要内心宽厚也变得不那么容易了。

不管是在 30 多岁还是 50 多岁，只要敞开心扉去理解和接受他人，那么就会被称之为宽厚。因此，无论年高几何，只要抱着宽厚之心去理解和包容他人，那么人际关系也变得更加圆润。

若是放下了心中的憎恶，那么我们便会远离怨仇，人生也会因此平和许多。即便是共同生活了二三十年的夫妻面临离婚，也并非一定要不欢而散，彼此抱着平和的心态分离又有何不可呢？

“遇到你，我真的幸福过。在孩子成长期间，我们为了孩子而活。如今我们终于可以自由地分开了，感谢你所付出的往昔岁月。”

在子女的结婚仪式上，若是能像老朋友一样互诉衷肠，彼此分享新生活的喜怒哀乐，那人生该变得何等的美好。

显而易见，解决问题的钥匙把握在自己手中。因此当有人前来找我面谈时，我都会给出严厉的告诫。在追究他人的错误之前，首先要进行自我反省。然而，却没人愿意考虑对方的想法，难以做出让步。

假如对夫人说应该向丈夫道歉，那么夫人就会反驳："原本就是他的错，我为什么要低头？"若是对丈夫说应该向夫人道歉，那么丈夫就会反驳："原本就是女人的错，我为什么一定要低头？"若是执意纠结在对错的问题上，那么双方又如何能平息争执？因此，想要解决问题就首先要进行自我反省，转变思考问题的角度，才能最终找到和睦相处之途。

比如说，一个男人步入婚姻就意味着从父母的子女身份中脱离出来，建立属于自己的新家庭。用简单的比喻来解释，就是将父母商店中投入的股份撤出，然后投入到自己的商店中。也就是说，如果成了一个女人的丈夫，那就应该适当从母亲的儿子身份中脱离。但当发生婆媳纷争时，被夹在中间的丈夫若是对妻子说："你理解一下吧。"妻子就会以为丈夫偏袒婆婆，从而产生怨怼心理。若是男人站在妻子一方去劝慰母亲，那么母亲就会有一种儿子被夺走的感觉，因此心中便会伤心难过。如此说来，虽然摆出丈夫的鲜明立场非常必要，但也不能忘记母亲的养育之恩。

那么妻子又该做些什么呢？既然深爱着一同步入婚姻的丈夫，那就不应该忽略丈夫其实是环绕在母亲的膝下长大成人的。婆婆辛辛苦苦地将儿子养育成人，但突然有一天因儿媳的出现，将儿子从自己身边夺走，这种心情理应受到理解。因此，妻子需要心存感激地去面对婆婆。“感谢您将我深爱之人养育成人。”只要如此心存感激，那么即便婆媳之间存在这些许矛盾，也不会朝着恶性方向加剧发展。

那么婆婆又该做些什么呢？既然儿子有了新的家庭，就应该给予其足够的独立空间。如果持续抱着“这是我的儿子”，“是我养育的儿子”的心态，不仅会让儿子感到为难，也会让儿媳产生抵触心理。

如果儿子结婚，那么就应该让他按照自己

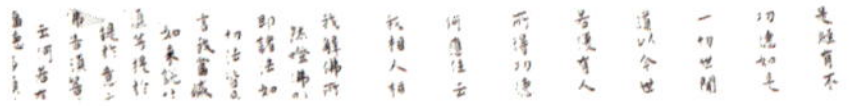

的方式去生活。这时候，母亲就应该放下对儿子的担忧，转而为自己的生活而努力。

若是母亲、儿子、儿媳都能够认清自己的角色，怀着宽容的心态去彼此相处，那么矛盾纷争也自然会无形消弭。

看完以上内容，若是有人依旧不能做到自我反省，仍是站在对自己有利的立场去曲解我的劝导。那么身为丈夫的人就可能会对妻子如此说道：

“看吧，都说了你要怀着感激的心理去面对婆婆。”

身为妻子的人也可能会对丈夫说道：

“看吧，都说了让你立场分明。”

解决矛盾就应该从自我反省开始，若总是期望对方先做出改变，就像上面提到的这两种人一样，那么问题将始终无法解决，而且不仅如此，家庭中的纷争也将愈演愈烈。日益宽容、理解、成熟，这本是我们人生中应该前进的方向。因此，若想要解开心结，并非是要去改变对方，而是应该首先进行自我反省，从改变自我开始。

婚姻并非是幸福的保证

“结婚真好，一个人形单影只那该多苦。”

大家是不是经常听到这种慨叹？

“我为什么结婚了呢？一个人生活那该多好。”

这样的抱怨是不是听到得更多呢？

很多人都认为婚姻生活充斥着诸多辛苦。既然如此，本应该打破对婚姻的憧憬，放下心中的执著才是，奈何父母却在为子女的婚姻大伤脑筋。

“我有两个年过三十的女儿，至今都尚未成婚。也并非是因为她们不想结婚，而是每次有人前来牵线时，都会因为我膝下只有两个女儿而告吹。我原本就对孩子们心存愧疚，而且随着年龄越来越大，我心中的担忧也越来越严重。”

若是父母和睦，子女羡慕父母之间的相敬如宾，那么他们就会产生结婚的愿望；若是父母之间的关系并不平稳，那么子女自然就会讨厌婚姻。尽管讨厌结婚的念头从未被袒露，但潜意识中却已经形成了婚姻障碍，即便是热恋到了结婚的地步，也会对婚姻望而却步。由于时常心存畏惧，那么与人相处时也会变得畏首畏尾，给人一种拒人于千里之外的印象。如果是在这种情况下被父母逼迫结婚，婚姻

生活将会充满艰辛，自然也会对父母心生怨怼。

因此，对子女的婚姻切勿不可操之过急，父母也无须过分担忧。而立之年也并非晚婚之龄，我认识的很多四五十岁的女性都尚未婚配。只要抱着“什么时候结婚都不晚”的心态，那么生活中便会没有那么多烦忧。

父母们总是为子女抗拒婚姻或是出家为僧而担忧。“年轻时还无妨，若年老多病时由谁来照料呢？”

但在老年社会福利渐渐完善的当下，单独生活也并非难事。即便是单身生活的僧人在圆寂之后也会被妥善安葬，甚至比子女准备的丧葬仪式更加完善。

很多亲近的关系也并非都是良性的。在某些亲近的关系中，人们往往会因对彼此间的过度期待而最终反目。

这些反目的对象并非他人，而是夫妇之间，父母与子女之间，或是兄弟姐妹之间。而与外人极端反目的情况却极其罕见。比如夫妇反目离婚后可能会形同陌路；父母与子女陷入财产纷争，可能会亲情断

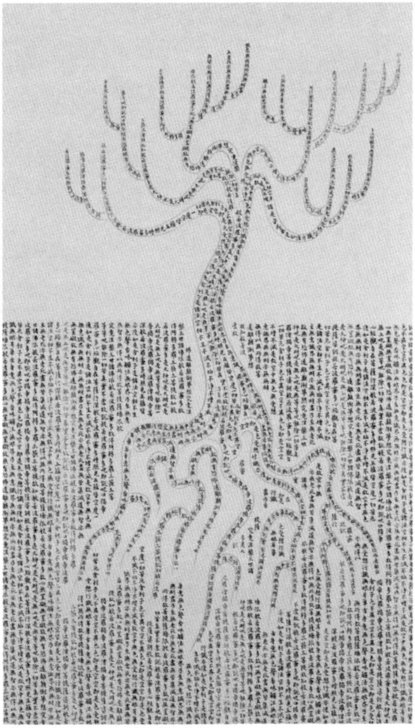

裂；兄弟姐妹之间为遗产问题也可能老死不相往来。在这些亲近的关系中，人们经常会因为自己的期待无法被满足从而心生怨怒，其间的关系也会随之恶化。如此说来，到底有无必要为婚姻而执著呢？

结婚并不能解决人生问题。然而，父母却总是抱着此类心态："子女完婚，我们的任务就算完成了。"以此进行自我安慰。这样，将子女的幸福置于何地？无论是单身、结婚，还是生儿育女，能从中获得幸福才是最重要的。

前文中那位老先生提到的"二女难嫁"，也只是一种推托借口罢了。那么为何对方会推托呢？那可能是因为男方的条件更加优越。若是男方条件过于优越，老先生的女儿自然也就难以得到青睐。因此，男

方才会以“你家只有两个女儿，所以我无法接受赡养压力”的借口来推托。

有位乡下的父亲终日奔波劳碌，勉强维持生计，却依然想要女儿嫁给条件优越的男人。母亲时常如此抱怨：“我只想让女儿过上安稳日子，为何如此困难？”这位母亲虽然语气中没有挑剔之意，但实际上却总是对女儿的相亲对象挑肥拣瘦。

比如，身材不能太胖，年龄不能太大，个子也不能太矮；虽然不用像明星那样光鲜靓丽，但长相也不能太过平庸；只是大学毕业不行，还需要有好的工作。如此这般，母亲表面上好似不太挑剔，但实际上却是计较得太多了。

若是依然为子女的婚姻忧心忡忡，那不妨先扪心自问：“我的婚姻生活幸福吗？”

如果不幸福，那么就要为自己的不幸婚姻对子女造成的不良影响而忏悔。若是子女真的不愿结婚，那么就需放开双手，让他们去寻求自己想要的生活。如果连自己的婚姻都无法收获幸福，那么又有何必要为子女的婚姻而执著呢？

无痛无悔的离别

“我与妻子间已经失去了理解，留下的只有厌恶、痛苦和愤怒。”

这是某位丈夫正在准备离婚时的心声。尽管现在的情绪已经稍稍稳定，但依然难以抑制其对妻子抱有的负面情绪。

夫妻在共同生活过程中有可能会陷入离婚的境地。其实，重要的是要为因何离婚而自我反省，如此才能避免重复同样的错误。

婚姻生活纷争主要源自于彼此对自身正确性的执著。当妻子指责丈夫“你太顽固了”时，却从未注意过自身的顽固。也正是由于妻子执著地认为自己对丈夫的指责是正确的，因此才会认为“自己并非顽固，而是在实事求是”。

“你脾气不好，又太啰唆了。”

听到丈夫的如此指责，妻子会如此应对：

“我为什么脾气不好？我什么时候啰唆？因为你对我先发脾气，我怎么能不发脾气？”

这都是因为不懂得如何去表现情感而导致的。

假如这位丈夫向妻子问道：“我是比较宽容，还是比较固执？”那么妻子会如何回答呢？当然会说：“你非常固执。”如果问：“我是自私的，还是无私的？”答案当然是：“自私的”。

由此可见，我们认为的自己与其他人眼中的自己截然不同。尽管不能说他人眼中的自己是绝对客观的，但相对而言还是比较更加接近现实的。

我曾说过，若是与人相处时总是想要占些便宜，那么痛苦也将随之产生。虽然占便宜是小恶，但过分的执著则会陷入因果循环。向他人借款消费固然可以让自己手头宽裕，但终归是要还的。我们若是过分地想从对方手中占些便宜，那么其代价则会是让对方反过来过分地去要求我们。

因此，我们就需要抛弃对占便宜的执著，并重新审视一番自我。

“我的确是有些喜欢占便宜。”

若是陷入固执时，就需要如此自省。

“我原来这么固执啊。”

“我若是如此固执，会让对方感到心情郁闷的。”

如果能及时地自省，那么当对方指责自己自私自利时，就会更加容易接受对方的意见，沟通也会变得更加容易。这样比单纯的放弃自私自利或是固执，要有效得多。

当自己固执和自私的同时却不自知，若是对方指责“你太自私了”时，自己就会怒火中烧，并如此反驳：“难道你不自私？”或是：“我怎么自私了？”

若是对方指责“你太固执了”时，自己也会反驳：“我怎么固执了？”或是“只有我固执吗？”如此这般的沟通，只会在彼此心中留下伤害罢了。

自私本是人类的共性。只要能认识和承认这一点，沟通也会变得容易许多。比如若是朋友来电，那么很可能便是有事相求，在十通电话中可能会有九通

是朋友的求助电话。毕竟，那些嘘寒问暖或是主动提供帮助的来电是并不多见的。

若是能够理解这一点，那么朋友来电求助时也就更容易接受。然而问题是世人常认为“只有遇到难处的时候才会想到我”，矛盾也会由此产生。

朋友需要我们时就会打来一通电话，若是我们能够给予帮助，那么对方自然就会心生谢意。接到他人的求助请求固然是件麻烦事，但也可以换个角度思考问题。别人求助于我，必然是因为我比他人更具能力。若是因讨厌麻烦而拒绝给予帮助，那么我的能力也将在某种程度上被浪费掉。因此，当我们接到求助电话时也就没有必要心生厌烦。

换位思考非常重要。若是丈夫认为妻子自私和固执，那么对方也会如此看待自己。

虽然我们有权决定是否与对方分开，但却没有理由去憎恶对方。要随时提点关照，不陷入负面情绪。

因此，即便是彼此分开，也没必要为过去产生的痛苦耿耿于怀。在一起时对对方的憎恶实属不该，分开了也没有必要心存憎恶。彼此憎恶已经浪费掉两人在一起时的共同人生，所以就算分开也需要抱着感恩之心去忏悔自省。

尽管失去了对方就可能即将面临单身生活，但也正是因为这样，自己才不会继续痛苦。即便日后再婚，这段共同的岁月也终将难以磨灭。虽然这段婚姻生活因憎恶留下了许多伤处，但若是抱着感恩之心去面对对方，那么这段经历也将成为人生中的一份宝贵财产。

只有珍视这段宝贵的婚姻经历，才不会对日后的再婚或是单身生活产成恶性影响。但若是抱着对伤痛的执著，那么今后无论面对何人都会持有一种先入为主的成见。如果对方有与前妻或是前夫相似的行为或是倾向，那么自然会望而却步。这种畏惧心理也将成为建立新关系的恶性羁绊。

看似毫无问题出现，但却很容易在潜意识中留下伤痛。治愈这种伤痛的方法有两种。

其一就是忏悔。

“跟我在一起的日子里，你辛苦了。非常抱歉。”

其二就是感恩。

“对我而言，这段共同的岁月是一段非常美好的人生经历。”

若是感恩和忏悔充盈内心，那么内在的伤痛将不复存在，新生活也不会重蹈此前的悲剧。只有用感恩和忏悔去教化过去的自己，才能带着新的希望去面对未来的人生。

期待之深，孤独之切

婚后一年就意味着新婚期结束，炙热的爱情之火也会随之渐渐冷却。有一位结婚 23 年的夫人，尽管夫人仍深爱着自己的丈夫，但如今却开始讨厌将一切心思都花费在丈夫的身上。

“丈夫喜欢拍花儿的照片，每天都会津津有味地摆弄一番。每当看到丈夫享受个人生活时，我既是羡慕又是嫉妒，为何我就没有自己的个人生活？丈夫如何花钱我都不生气，不管去哪我也不生气，但就从去年秋天开始，他迷上了摄影，从那时起我就想，不能再那样全心全意地爱他了，该有自己的个人生活了。”

这位夫人抱着该如何消减对丈夫的爱意，该如何更爱自己，该如何让自己的内心变得更加自由的疑惑来到我面前，寻找答案。

如果执著于获取他人之爱，那么就会丧失个人的生活，孤独和空虚也将如影随形。智者清楚地明白，若想获得爱，就需要先去爱他人；若想要获取青睐，就需要先去青睐他人。因此，他们先奉献出了自己的爱，而后也得到了他人之爱。然而，虽说这样可以驱走孤独，带来喜乐，但却依然无法获得完美的幸福。因为即便我们全心全意去爱他人，换来的也可能只是一腔冷漠。那么怎样才能获得完美的幸福呢？简而言之，就是仅需施予，淡泊期待。

有些情况下我们帮助了对方，但对方却没有给予我们帮助；还有些情况我们没有帮助对方，对方也没有给予我们帮助。这两种失望是不同的。在我们给予对方帮助之后，对方却对我们的求助置之不理，这种失望显然更为深切。有些人希望自己的付出能够换来同等的回报，虽然大部分情况下能够得到满足，但若是付出大于回报的情况出现，那么内心的孤独感则会更加深重。因此，人们将爱称之为恨的种子。没有爱的人也就没有憎恨，相爱之人之间可能会产生憎恨。能在血浓于水的亲情，或是亲如手足的友情间产生憎恨的，正是我们内心深处难以抛弃的期望之心。

一般人之所以去表

达爱，其实恰恰是为了获得爱和幸福，但若是不能如愿，就会陷入“既然没有回报，为何还要去爱”的纠结之中，并且承受背叛感带来的痛苦。因此，原本的爱之心就会转换为憎恨和失望，而爱也将单纯地变为一种获取期许的代价。

丈夫喜欢摄影，夫人喜欢丈夫，这二者之间并没有什么不同。但为何喜欢摄影的丈夫并不孤独，而喜欢丈夫的夫人却时常被孤独环绕呢？那是因为丈夫的喜欢是单纯的，也就是“我喜欢你，但不要求你也喜欢我”。但夫人的喜欢则恰恰相反，她喜欢丈夫，同时也要求丈夫喜欢自己，那么孤独感的产生也就自然难以避免。

“我就是因为太爱他了，所以问题才会出现。因此，从现在开始我要收敛内心对他的爱恋。”若是抱着这种想法去面对丈夫，那么就已经偏离了问题的核心。夫人喜欢丈夫和丈夫喜欢摄影根本没有什么本质的不同，只是夫人的喜欢带着一种“我喜欢你，你就必须要喜欢我”类似的潜意识要求。若是这种要求无法被满足，那么就会自然而然地心生失望。也正因为如此，心中才会出现这样的念头：“我为何要这样深爱他呢？”

因此，对丈夫的爱并非必须要得到回报。就比如我们喜欢登山，数次过后却发现大山从未表达过对我们的欢迎之意。若是从此负气，断绝了登山的念头，岂不是很愚蠢？我们为何要与山斤斤计较呢？

丈夫喜欢摄影，却从未有过“放弃对摄影热爱”的念头。同样的道理，夫人若是像丈夫喜欢摄影这般去喜欢丈夫，放下心中对爱的期待，那么心中浮沉依旧的问题自然会迎刃而解。

虽然丈夫也希望妻子爱着自己，但这种爱若是超过了限度，那么也将变成一种煎熬。比如，奶奶溺爱孙儿，每次孙儿来家里都会忙着问这问那，长此以往会怎样呢？虽然孙儿也明白这是奶奶对自己的关爱，但这种过度的关爱可能会让人感到厌烦，最后将导致孙儿登门的次数越来越少。

夫人对丈夫的爱恋并没有任何问题。然而却不明白，这份爱并非是对丈夫的付出，而是一份源于内心的自然之爱。为丈夫准备可口的一日三餐也是凭内心所喜而去作为，并不能执著地期望得到同等的回报。因此，思维也需作出一番转变。

“爱花儿会让人心情愉悦，那么爱丈夫又为何不可呢？”

这位夫人对于丈夫的依恋难以自拔，若是丈夫不在身边，则会感觉心情抑郁。这并非是因丈

夫离开而产生的情绪，而是因心中缺少了依恋对象。因此，只要将消极的情绪转变为“因为有你，我才会有爱”的念头，情感才能得到节制，内心也将呈现一片平和。

面向大海时，我们就能想到春暖花开。但大海其实是无法表达这种情感的，春暖花开只是我们心中生出的美好意象罢了。大海之所以会让我们感到心情愉悦，并非是因为大海同样喜爱我们，而是因为我们对大海的钟爱。

大山只是大山，大海只是大海，蓝天也只是蓝天。仅此而已。我们喜爱这些事物并没有带着某种期许，却能因内心单纯的喜爱而获得幸福。若是放下心中的期许去爱他人，那么即便是无法获得同等的回报，也会因内心单纯之爱而获得幸福。因此，请坦然去爱，正如面朝大海，春暖花开。

莫要乞求幸福

妻子为了孩子的成长维持家庭，而丈夫却强烈要求离婚，这时该如何选择？哭求丈夫回心转意，还是坦然面对离婚？

“丈夫的企业因经营不善而破产，因为精神萎靡的丈夫我曾深受抑郁折磨。为此，我从去年起开始接受大师的教诲，作出一番抵抗抑郁的努力。然而，丈夫却突然提出离婚，并离家出走。为了能让丈夫回心转意，我可谓费尽了心思。但就在我认为这些努力终将会有所回报之时，丈夫却再次提出离婚，并要求商议孩子的问题。”

这位夫人曾为了治愈家庭之伤做出了诸多努力，奈何一切的努力却最终化作一片泡影。夫人的痛苦从何而来？那便是源自于期望丈夫做出改变之心。

夫人曾努力让自己内心平和，并期望能影响丈夫做出一番改变。但生活却在随着丈夫的态度而摇摆不定。夫人认为理解和关爱丈夫就能获得内心平和，丈夫也就能渐渐地做出一番改变，但这注定要承受诸多的痛苦。因此，当丈夫并未做出改变，反而再次提出离婚时，夫人又怎能不伤痛欲绝？归根结底，问题是出现在夫人将希望全部寄托在丈夫身上。

其实，夫人大可不必为丈夫提出离婚而寝食难安。既然丈夫提出离婚，那么夫人便可以逸待劳。离婚协议书要丈夫来准备，律师也要丈夫来雇用，离婚日期也将由丈夫来确定，夫人并不需耗费心思。

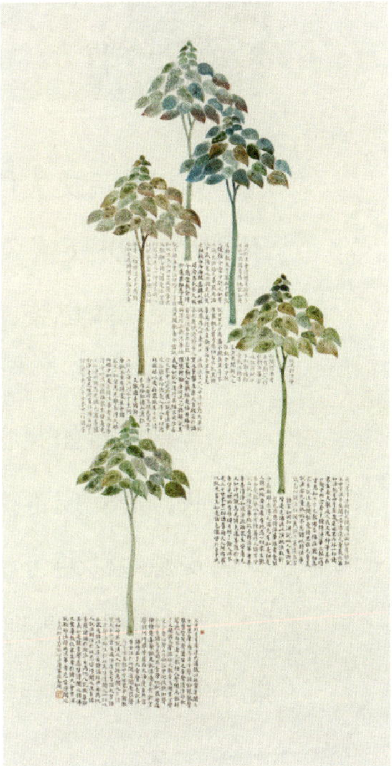

就算到了庭审之日，妻子只需面带微笑进行庭辩："我深爱着丈夫，法官大人，请尊重我维护家庭的权利。"如此一来，丈夫提出离婚的请求便可以被驳回。

如果此后丈夫依然时常提及离婚，那么只需按照不同的情况制定应对策略即可。若是感到离婚已成定局，那便离婚也罢。

“人怎么能这样？我这么会遇到这种人？”

若是抱着如此心态去面对离婚，那只能让自己夜不能寐，备受痛苦折磨。因此，只需忽略丈夫，与孩子们安稳生活便可。若是孩子问起父亲，如此安慰即可：“父亲最近遇到了一些困境，让我们一起祈祷他能平安渡过难关吧。”

在女性权利得到充分保障的时代，女性并不需要在哭啼中过活，也不需要将寄托全部倾注在丈夫身上。

正是由于女性难以把握以自我为中心的生活，自身的幸与不幸才会由男性来左右。若是看到彷徨中的丈夫，仅需要给予怜悯和关爱即可。

“没有过不去的坎坷，我相信你一定能行。”

然而，对丈夫做出改变的期望，对其回心转意的期待，以及对幸福的乞求，则必须被抛弃。只要能抱着“世上无难事”的处世态度，那么脸上将永远没有愁容，膝下的子女在成长过程中也将健康成长。

病床前的善行

在家庭生活中，如果夫妇一方因病住院，那另一方就需要在病床前照料。若是平时夫妻关系融洽，病人自然会得到无微不至的照料。但若是夫妻双方矛盾不断，那么病床前自会有一番苦痛纠缠。

“几年前，丈夫因脑梗死和癌症住院接受治疗。在此期间，丈夫情绪极其恶劣，经常大发脾气。因此，为了孩子们的健康成长，我曾多次想要离他而去。而且在养育孩子的同时，我根本无暇顾及丈夫，所以想要从丈夫的羁绊中脱离出来。而且孩子们也支持我与丈夫离婚。”

丈夫住院需要财力支持，也需要病前照顾，同时她还要照顾孩子。这位妻子的生活的确充满了艰辛。特别是在夫妇关系并不融洽的前提下，病床前曾产生过诸多的矛盾。

看护病人并非只是一两句安慰就可以的，病人若是时常因病痛而大发脾气，妻子的内心便会倍受煎熬。若是带着压力去培养孩子，那也会造成不良影响。

尽管当下孩子希望父母离婚，但这只是孩子们幼时的单纯心理，这种心理在长大之后便会发生变化。幼时，若是父母争吵，孩子就会偏向母亲一方。但在长大之后，他们就会发现问题不只是出在父亲一方，母亲也需要在家庭纷争中承担责任。虽然现在看到患病的父亲经常对母亲大发脾气，孩子们会认为“母亲没有必要这样辛苦地活着”。但若是长大成人之后，他们便会陷入对母亲抛弃父亲的憎恶和对母亲的养育之恩之中挣扎徘徊，情绪自然难以得到安定。

尽管夫妻关系并不融洽，但毕竟一日夫妻百日恩，同时看在丈夫身为孩子父亲的份上，也需要对其抱有关爱和怜悯之心。每当丈夫大发脾气时，便可以

如此转换思维："丈夫被病痛折磨，所以才会如此暴躁吧。"在这种情况下的容忍和劝慰也是一份功德。在母亲的宽容下成长，孩子即便经济状况拮据，即便没有读好的学校，也不会影响他们成为优秀的人才。但若是妻子抛弃了丈夫，即便孩子长大后毕业于名门高校，甚至是送其去海外深造，都难以让他们得到真正的幸福。

或许丈夫会在孩子们面前大发脾气，但此时的母亲就应该如此的劝导孩子们：

“你们生病的时候也会像父亲一样痛苦。父亲并不是坏人，只是因为被病痛折磨，所以才会发脾气。”

如此一来，孩子们便会理解父亲，同时也能感受到母亲宽容的胸怀。这才是培养孩子最直接的教育方式。

当妻子看到丈夫患病的模样，可能会想：“我前生做了什么孽才会有今天的业报”。但话又说回来，照料患病的丈夫岂不是一种功德的积累？这种功德果报早晚会有一天会体现在子女身上。随着时间的流逝，对这一点便能深有体会。

有位妻子的丈夫因脑出血而导致了认知障碍，智力只有小学一年级的水平。而这位妻子本身也是癌症晚期患者，同样属于弱势群体。她在照料丈夫的过程中深感疲惫，曾一度产生过想要放弃丈夫的念头。

毋庸置疑，患有重病的妻子照料认知障碍的丈夫，的确非常艰辛。但这位妻子却忽略了一点：正是因为有意义和有能力去做事，人的生命才能够得到延长。尽力去照料丈夫不仅不会加速死亡，反而会因忙碌而克服对死亡的畏惧、伤感和痛苦。

妻子已是癌症晚期，总希望在家中安稳地度过剩下的时间。但殊不知，人的身体正是由于存在可做之事才会更加健康，也会活得更加长久。妻子现在已经是癌症晚期，若是独自在家则可能会深陷抑郁，对死亡的恐惧日益剧增，健康状况也会迅速恶化。

然而，若是反过来去照料比自己更加需要陪伴之人，那么余下的日子便会更具意义。为他人而活也将成为生命延续的动力。但若是忽视和放弃这种善德功行，那难免会生出其他愚蠢的念头。

“感谢上苍让我存活至今，感谢上苍赐予我可以去照顾之人，我将倾尽余下的生命去陪伴其左右。”

如此一念心生，日后必有福报。由此可见，照料患病的丈夫并非是“前世种下的恶因”，而是今生遇到的善缘。但若是抱着负面态度去面对丈夫，那么善缘也将成为恶因。因此，即便感到艰辛，也不要放弃关爱。当另一半被温暖环绕时，真正的幸福便会降临。此间的艰辛转瞬即逝，收获的幸福却悠久绵长。

年高了几何，便很难放下几许

在生活过程中人们会逐渐养成一种固定的心理习惯，年龄越高越难改变。一旦年老，就会形成绝对的思维定式，再无改变的可能。

“父亲，不该那样，应该这样才对。”

“嗯，知道了。”

虽然父亲口中这样回答，但行为却依然不会改变。各位年老时同样会如此固执。这正是因为随着年龄的增长，我们的意识会成为习惯，行动也会成为习惯，一切都会愈加难以改变。

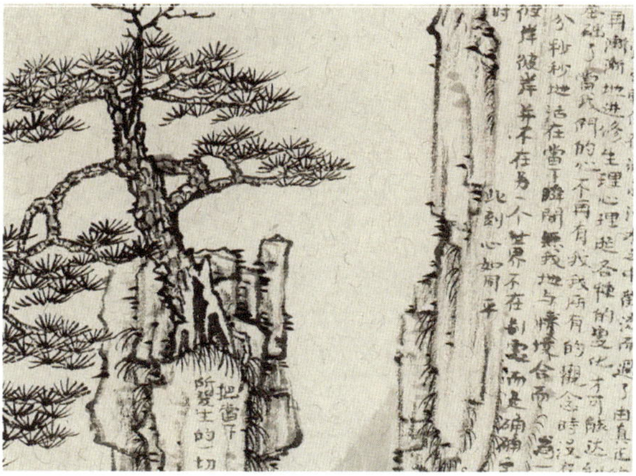

人类在幼时会非常容易接受外界事物，但年老时却会受到回忆掣肘，难以接受新的事物。因此，孩童在美国 1 年的时间就能很好地学会英语，而成人即便待上 10 年，英语能力依然差强人意。

若是理解了这种老年人的特质，就能避免矛盾的出现。因此，我们不必执意去改变老年人的行为习惯，而是要去适应他们。有些子女因不能理解在乡下居住的父母的行为习惯，因此常常会导致各种矛盾

出现。

“您缺钱可以跟我要，不要出去干活了。”

子女担心老人的身体，因此会常常如此劝慰。但父母却经常充耳不闻，依然出去劳作，而且在劳作的同时还会向子女唠叨：“身体这里不舒服，那里也不舒服。”如此一来，子女心中自然会气愤不已。

“都跟您说不要出去干活了，这样身体怎么能不出问题？”

尽管父母整晚唠叨身体不适，但到天亮却依然会出去劳作。子女与老人之间的矛盾也会因此愈演愈烈。

“如果身体不舒服就不要出去干活，如果出去干活就不要唠叨身体不舒服。”

站在子女的立场，“若是父母不勉强自己干活，好好修养，可能会多活 10 年。”然而，站在父母的立场，即便多活 10 年也并非尽是快乐的。如果按照自己的意愿只能活 5 年，那也许会更加幸福。因此，我们只需放松心态，不要按照自己的意愿去影响父母的行为。若是时常因此心存怨愤，那么不仅会伤害自身，也会让父母感到担忧。

如果父母甘愿劳作，那么就随其心愿。不要时常抱怨，只需在父母膝下尽些子女应尽的义务为佳。若是一回家就抱怨不休，那么父母与子女之间的矛盾也将难以平息。

子女经常会给予年老的父母日常所用的生活费用，但老人却舍不得花，且将这笔费用转而用在孙子孙女身上。如此一来，子女心中又会心生不满。但父母如何利用生活费用是他们的自由。不管他们将这笔费用用在孙子孙女身上，还是自行花销，都不必进行干涉。

因此，我们需要理解老年人这种难以做出改变的行为特征，不管父母要做什么，只需随其心愿便可。当然，子女无法满足父母的所有要求，因此在无法做到时只需委婉表达歉意即可。但需要注意，不要在父母刚提出要求时便立刻拒绝，这样只会引发矛盾。

“下周回家吃顿饭吧。”

“嗯，我知道了。”

若是工作忙碌，也可以到时再告诉父母。

“这周我比较忙，可能没办法回家了。”

用如此轻柔的口吻，父母也自然不会心生怨气。

答应父母的要求就代表着理解了他们的心意。但若的确忙碌，只需真诚道歉即可。没有必要因为自己的偏执而与父母发生冲突。

子女担忧父母的健康，所以时常希望他们能够内心安宁。若是自己听到了好的佛法，便想要向父母传达。就好像我们看到了好的风景，就想与喜欢的人一同欣赏，尝到了美味的食物就想与喜欢的人一同分享一样。

有位弟子曾如此遗憾地说：“这样的佛法太美妙了，若是母亲生前能够听到，可能就会放下执著，安宁地都到最后了吧。”这虽然是一份善念，但只会徒留一腔悔意。“我若是能早些听到这样的佛法，我若是能在年轻时听到这样的佛教，那该多好。”这样的念头只会让自己在悔恨中否定自己的人生。反之，只

有放下对过去的执著，转换思维："今天听到这样的佛法，真让我受益匪浅。"这样才能积极地面对人生未来的方向。

尽管是让我们所喜的佛法，父母也不一定会喜欢。因此，不要以教化的姿态去劝导他们，如此便会陷入执著。这也是一种贪心，与"望子成龙"、"祈求多财"此类贪心并没有本质区别，只是转变了对象而已。

父母若是能听懂一两句佛法便是万幸，即便无法理解，只要肯听便值得我们宽慰。若是父母在听闻佛法时能够心情愉悦，那么便是最大的成功。

若是思维僵固，看待世界的视野变窄，那么将变得视而不见听而不闻。若是想借佛法让父母内心安宁，就需要了解老年人的心理特征，根据他们的基础进行智慧传法。“这么好的佛法，为什么就是不接受呢？”切不可心生此类的懊恼。父母是否接受佛法，全凭一份机缘，不能执著，更不能强求。

如何赡养父母

不久前，我在美国接受过一次访谈，曾被问及过这样的问题：

“如今的美国可以通过基因检测清楚地检测出胎儿的性别，以及是否患有遗传疾病。那么人们是否可以按照检测结果去选择自己的孩子呢？”

这更像是一种挑选商品的态度，不予鼓励。父母在有了自己的孩子后，男孩要被爱，女孩也要被爱，即便孩子患有先天性疾病也不该失去被爱的权利。虽然我们可能羡慕邻居孩子长得漂亮，成绩优秀，但自己孩子无论长相如何，成绩如何，甚至具有身体缺陷都应该去给予同等的关爱。因为这就是父母一词所具备的含义所在。

父母在养育子女时，无论子女的身体健康与否，行为正确与否，都会尽心尽力去抚育。因此在赡养父母时，子女们也需要尽心尽力去给予关爱。

然而，在赡养父母的问题上，经常会引发一些纷争。

“有老大在，为什么要我赡养？”

“有儿子在，为何要女儿赡养？”

其他的兄弟姐妹赡养父母与否是他们的自由。如果我们想要赡养那便去赡养，赡养老人是有功德的。赡养问题本该视情况而定，但若是兄弟姐妹之间一定要争个你高我低，纷争自然难以避免。

“我长期旅居国外。兄弟姐妹已经全部离世，只有 93 岁的老母亲独自生活。我真不知道该如何解决母亲的赡养问题。”

母亲已经 93 岁高龄，既不愿意跟随女儿去国外生活，也不远去养老院度过晚年。身在远方的女儿时常为母亲的赡养问题忧心忡忡，但终日的忧心并不能解决实际问题。

若是母亲依然具有行动能力，那么便能独自照料自己的饮食起居。若是不放心母亲单独生活，就可以请一位家政帮忙陪伴。为防意外发生，还可以时常与母亲保持电话联络。每日的电话联络就能清楚地了解母亲的生活状况。

父母年高时，子女必然会担心他们的生活，尤其是在海外生活的子女，则会有更多的担忧。其实，并非只有海外的子女如此，在城市生活的子女们也面临着同样的问题。由于父母在乡下生活，在城市生活的子女就想把父母接到身边，但老人却难以接受城市的生活环境。子女们由于生计问题，当然不可能辞掉工作去乡下侍奉父母，因此只能将老人们送进养老院。但老人们依旧会反对去养老院度过晚年：“我既然有子女，为什么还要去养老院呢？”

虽然那些没有子女，没有收入，无依无靠的老人依靠国家低保依然能够度日。但在乡下一些儿孙满堂的老人依然得不到很好的照料，这样的空巢老人在社会中并不罕见。

从儿女的角度而言，父母年老就应该得到妥善照看。但实际上老人依然拥有个人意志，适当地自我照料对健康也有一定的良性影响。

在父母的赡养问题上，没有必要过度忧心，也没有必要引发兄弟姐妹之间的矛盾，只需按实际情况而定即可。若是父母患病那便去治疗，若是去世那便去准备葬礼，健康长寿那便长期给予照料。若是无法独自生活，那便由兄弟姐妹们轮流照料。若是不忍看到父母孤单，那便接到自己家中照料即可。

只需抱着“因为是我的父母，所以理应由我来照料”，“在我力所能及的范围内，应该用尽全力去照料”等简单的念头，那么老人的赡养难题也将不复存在。

摆脱执著之障

对某种事物坚持不放，追求不舍，一定要如己所愿的态度便是执著。就比如，有人去钓鱼时，忽然有条大鱼上钩。但却因力气不足，始终无法将其拉出水面。眼看钓鱼之人就要被大鱼拖进水中危及生命，但却因心中不甘而不肯放下鱼竿。此时若有人路过，定会看到这样一幕。钓鱼者死拉着鱼竿呼喊救命，但若是劝其放下鱼竿，钓鱼者则会如此反驳："我死都不放，这样的机会千载难逢。"如此，钓鱼之人便陷入执著衍生的苦痛之中。

深陷执著之人若是无法如己所愿，就会负气放弃。这就比如没钓到鱼就会折断鱼竿一样。负气折断鱼竿与在危及生命时放弃鱼竿有着本质的不同。若是钓鱼之人因没能钓到鱼而折断了鱼竿，那么没过多久就会再次拿起鱼竿。

与此类似的执著和负气放弃只是偏执欲望的两种不同表现。虽然使人执著之事林林总总，但其根源却源于同一种情感。

很多的父母对子女的态度都会在执著和负气放弃中循环往复。平时对子女的唠叨便是执著，而在子女学习成绩下降时，"你爱学不学，再也不管你了"类

似的态度便是负气放弃。也正是由于这两种相对态度不断地反复，实际问题才会始终无法得到解决，苦痛也将持续下去。

一位老母亲与离婚的儿子住在一起，儿子非常不争气，终日靠母亲打零工赚钱来度日。

“儿子把房子租出去后，所有的租金全部拿去花天酒地。现在甚至还会把我打零工赚来的钱拿去花。面对这个不争气的儿子，有时候真想死在他面前算了。但他始终是我的儿子，若是晚上回家晚了，心里还是有些放心不下。尽管儿子每天都吃着我准备的可口饭菜，但却从来没说过一句宽慰人心的话。

但他若是不吃，我心里还会有些难过。”

这位老母亲对儿子的关爱可谓中毒已深，可能终生都会为其奔波劳碌。也正是由于老母亲的对儿子的态度在执著和负气放弃之间循环往复，才会导致今日的局面出现。若是儿子外出，老母亲则会担忧；若是回家，又会怒其不争。

尽管老母亲声称：“想死在儿子面前”，但又会想：“没有我儿子该怎么生活”，因而放弃离开人世的念头。因此，只能为了儿子继续艰辛度日。

老母亲因儿子花钱如流水而痛苦，同时也因儿子不体谅自己的辛苦而气愤。殊不知，儿子会有今天全是由老母亲一手造成的。因此，想要改变儿子，首先就要从改变自我开始。

想要改变儿子就需要放弃外出工作，同时也不要再为他准备饭菜。若是因儿子花钱而痛苦，那么只能断其根本，放弃收入来源。如此一来，儿子自然无法从母亲手中得到花销。与此同时，母亲也需要暂忍饥饿。毕竟只让儿子独自饿肚子有失为母之道。若是儿子问起为何不准备饭菜，此时，不要负气冷面面对。如此只能激发儿子的叛逆心理，让情况变得更加糟糕。

“儿子啊，母亲今天身体不适。你为母亲做顿

饭吧。”

如此一来，既能有拒绝外出工作的理由，又能让儿子身负嘱托。过不了多久，相信儿子就会有所改变。

放弃对儿子的执著照料，躺下来寻求帮助反而会看到儿子的改变。只有看到母亲病重，儿子才可能去操持家务。若是如此依然无法收效，那么母亲就得狠下心来摔盆砸碗，逼迫儿子外出工作了。

所谓猛药去病，只有如此狠下心来才能让儿子做出一番改变。然而，此法却不适用于这位老母亲。即便她心有怨念，也始终无法放弃对于儿子的执著。因此，儿子也将永远如此般一无是处。

面对这样的儿子，母亲也只有两条路可走。其一，便是佯装卧病，逼迫儿子改变；其二，便是将儿子当作宠物般圈养。若是将儿子当作宠物圈养，那么内心也只能多出一份容忍。这两条路该如何选择，只能由母亲的个人意志决定了。

授渔之爱

当今，那些经济无法独立，终日依靠父母而活的啃老族大行其道。有位父亲准备卖掉房子，为子女分配好生活资金后，就与夫人去乡下生活。这位父亲认为只有没有了房子，子女们才不会伸手要钱，自己也将不会再为子女的索要而苦恼。

在有经济能力时，会为能否给予子女经济支援而苦恼，但在日后没有了经济能力，子女们再次伸手要钱时，则会感到更加痛苦。若是子女真有了难处，而自己却没有能力去给予帮助，那么更加会深陷自责之中。该如何从根本上解决这种问题呢？那就是当子女伸手要钱时，需要保持让子女独立的态度，或是坚定拒绝给予其帮助。

有位老母亲被 50 岁的儿子要求替他偿还商业债务。备受纠缠之苦的老母亲虽然会经常对儿子严厉训斥，但同样上了年纪的儿子却依然我行我素。长此以往，双方间的矛盾也会日益加重。届时不仅会造成金钱损失，父母与儿子间的关系也会随之受影响。虽然儿子破产，但亲情却无法割断。那么此时老母亲该怎么做呢？那便是拒绝干涉。即便儿子破产也不要给予金钱支援，只需为其准备几顿可口饭菜，送上一席宽慰之辞便可。

若是在子女年幼时，父母便开始严格培养其独立性格，那么即便他们长大之后事业遭遇挫折，也不会再向父母伸手要钱。但若是在儿时便时常给予帮助，那么即使父母年过八旬，子女也会为金钱前来纠缠不休。因此，导致这种结果父母理应负主要责任。

父母给予子女过多的帮助反倒是一种损害。尽管明白独立性格对子女的成长有益，但父母却时常忍不住给予他们帮助。这种帮助并非是为了子女本身而给予的，而是由于内心的担忧而导致的。

人们常说，于子女而言，儿时对其的照料是一种关爱，长大后对其的冷静之爱也是一种

关爱。然而，人们对子女儿时的关爱总是会超过限度，对子女长大后的关爱又总会缺少忍耐。

在孩子摔倒后痛哭流涕时，本该坐视其自主站起来。但父母们的行为却恰恰相反，而是焦急地将孩子抱在怀里，匆忙问询其是否受伤。然而，当孩子不听话时一味地去训斥，当孩子跌倒时又焦急地去关怀，这种教育方式显然是有问题的。而且当孩子长大后，父母既不应过度地节制情感，也不应无条件地给予帮助，而是要按实际情况去冷静面对。

父母给予孩子最宝贵的礼物就是养成其独立性格，让他们即使离开父母也能展翅高飞。这才是真正的父母之爱。但很多父母却认为金钱能够解决一切问题，殊不知金钱只是身外之物，无法给予子女们实质性的帮助。

若是性格独立，那么子女便能用尽全力独自去工作生活，并自主地完成结婚生子等人生行程。但若是父母一味大包大揽，为子女选择大学，提供学资，谋求职业，寻找配偶，购置房产，结婚后又帮助其照看孩子，那么将终身为子女而辛苦。即便 80 岁的自己看到 50 岁的儿子也会如此作想："如果我走了，孩子该怎么办？"这看似是对子女难以割舍的眷恋，但其实却只是一份对子女无法独立成长的焦虑罢了。

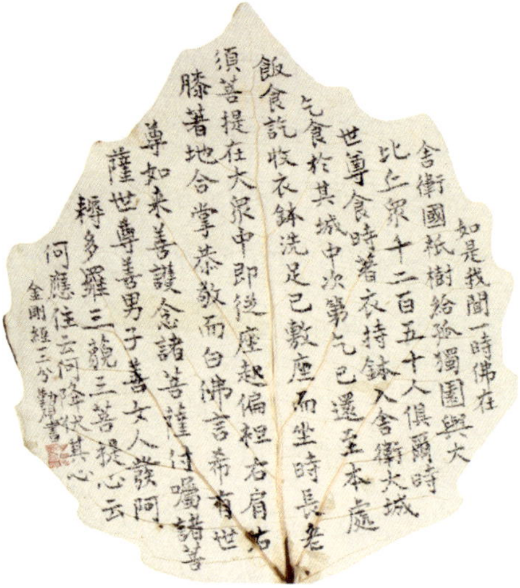

智慧的尊长

有对老夫妇从工作岗位上退休后，本想在今后的日子里安安稳稳地颐享天年。但女儿却因工作忙碌为由，将外孙托付给老两口俩代为照料。老两口早上要送孩子去学前班，直到晚上女儿将孩子接走后才能做些自己的事情。

养护那些自幼失去双亲、无所依靠的孩子的确是一件伟大功德。但照料父母健在的外孙却并非如此。

首先，孩子拥有接受父母养护的权利。若是孩子接受到父母的细心养护，那么长大之后才会感激父母的恩德。若非如此，可能会与父母毫无感情。祖父母的代为养护可能会在孩子心中留下一份难以弥补的亲情缺失。因此，孩子的隔代养护并无益处。

孩子在成长过程中，礼貌和教养教育至关重要。但若是将孩子交给祖父母代为照看，那么每逢其有不满就会避向父母的怀抱，若是在父母那里遭受了委屈，又会躲进祖父母的怀抱。

虽然父母在训斥孩子的同时，也会注重孩子的礼貌和教养教育，但祖父母却会因过度溺爱而造成孩子的礼貌和教养缺失。若是孩子长大后德行出现问题，那么责任大多会被推卸到祖父母身上。

对于祖父母而言，代为养护孙辈是件辛苦的工作，尽管过程中可能会享受到些许天伦之乐，但却不是一种必要的应尽责任。

因此，祖父母应该将这份养育孙辈的责任归还到子女身上。若是无法狠下心肠直言面对，那么就需要使用智慧的方法进行回避，比如借口外出旅行，入寺参禅，等等。

如果依然无法做到这一点，那么就要退而求其次。莫要在代为养护孙辈的过程中生出烦闷情绪，既然能够心存功德去关爱陌生人，那么养护自己的孙辈又有何不可呢？既然身为祖父母，在孙辈身上付出些辛苦也未尝不可。但若是抱着烦闷的情绪，那么这份养育之情将变成一场稀薄烟云，毫无意义可言。

若能智慧地避开孙辈的养护责任，这固然可以赢取满分，但若不能，就需要退而求其次，尽心尽力去照料孙辈，为余下的五十分而努力。

如此这般，我们的人生并非只会因子孙满堂而获得幸福，也可能会在纷争中陷入痛苦。细究其因，便是因为我们被欲望和执著缠绕，在不明所以的情况下心生憎恶和怨念。但若能直视内心，勘破这份执妄，被痛苦围绕的伦理因缘便可一片通达，云开雾散。

5 章

安度晚年之法

若能勤俭朴素，那么心中自生暇余；若是贪婪奢靡，那么纵有家财万贯，依然欲壑难填。

粮多并非富足，暇余方为财富

很多人在年龄增长的同时，就会萌生出对所持财富的不安心理。尤其是在当下啃老族横行的时代，老年人对收入水平则变得更加忧虑。然而这些忧虑者是否真的贫穷？事实并非如，这种贫穷只是与他人攀比后的相对产物。虽然年轻时对衣食住行并不甚在意，但随着年龄的增长，与他人的攀比欲望日益增生，对财富的追求也会陷入执著。一旦财富成了人生重心，那么将很容易忽略其他人生中重要的事物。

我曾与一对夫妇进行过一次长谈。当时丈夫的健康状况看起来很糟糕，我便劝导那位丈夫应该停下工作去休养。但一旁的夫人却深存忧虑。

“6 个月以后再去休养不行吗？”

“这是为何？”

“这 6 个月中可能会有人事调动，我想等丈夫升职之后在让他去休养。”

人的生命何其宝贵，但夫人却将丈夫的健康状况抛之脑后，反而为丈夫的升职一事忧心忡忡。这是何等的不该。然而，这并非个例。我们所有人都有曾深陷财富追求的执著。当我们过分执著于未来的生存状况时，这样的情况将会难以避免。

印度的村落中，村民的生存现状极其贫困，每日仅有 1 美金的收入。但他们依然在为这微薄的收入而庆幸。同样贫困的人群在地球上超过了 12 亿人口，无数人在饥饿之苦中挣扎徘徊。

尽管我们现在已经衣食无忧，但却依然在不遗余力地追逐着财富。正是因为这种旺盛的获取心理，就算在佛祖面前祈祷也会尽显贪念，诸如保佑升官发财云云。在古时饥荒之年，寺中僧人尽管自身都衣食不保，但也会从各自的饭碗中分出一勺饭食，在凑足一碗后去款待香客。还有的贫困家庭，一把豆子都会与 12 名兄弟共同分食。只有像这样心持分享，才能够成为精神上的富者。

若能勤俭朴素，那么心中自生暇余；若是贪婪奢靡，那么纵有家财万贯，依然欲壑难填。是谓粮多并非富足，暇余方为财富。

对那些经常抱怨经济状况窘迫的人士，我总会这样劝导：

“能够攒下四五千块吗？”

“就算再贫困也能攒下这些钱吧。”

“那就用这笔钱去旅行一次吧。”

如果去印度旅行一次，那么心态将会与现在截然不同，同时也会明白自己的所持所享并非想象中的那

样不堪。

我们即便怎样贫困也会有一日三餐，即便经济上怎样窘迫同样能行善布施。若是我们能够撇弃执著于贫困带来的痛苦，心持施予之心，那么自然能够成为精神上的富者，人生也将一片坦荡，对未来的生存忧虑也会荡然无存。

人生诸多不如意

“别人怎样看我呢？”

很多人会在这个问题上陷入执著，为此便会在人群中隐藏自己，为了保全个人颜面而备受痛苦折磨。有位丈夫在4年前失业，为了不让上小学的孩子受到伤害，妻子隐瞒了这一事实。因此，丈夫需每日佯装外出工作，天长日久意志逐渐消沉。妻子也在因对孩子的欺骗而惶惶不可终日。

丈夫失业为什么要隐瞒呢？那是因为失业的丈夫经常会被看作为是一名被淘汰者，或是无能者，为了保持在他人眼中的良好印象，必须隐瞒事实。

其实，丈夫失业并不需要对孩子隐瞒，反而要开诚布公。召开家庭会议，共同面对难题，也不失为良策。首先要向孩子说明自己真的努力工作过，然后再解释自己因经济不景气或是公司制度调整而失业的详细原因。

接下来就可以共同探讨面对难题的对策。比如安慰孩子不要担心，自己还有些存款，不会影响生活。或是在收入减少的情况下，适当减少孩子们的零用花费，等等。患难与共才是家庭所具有的本质意义。

但若是对孩子隐瞒家庭的困境，忽视丈夫的想

法，一味地将心思投入到孩子身上，那对孩子而言也并无益处。我们的人生本无定数，总会遭遇些许意想不到的坎坷，如果让孩子适当地遭遇些困境，这种感同身受的教育对他们的成长更加有益。

如果父母带着孩子去从事艰苦的工作，那么孩子便会理解父母的艰辛，从而生出感恩之心，能够深切地体会到这份来之不易的养育之恩。但若是父母独自承受这份艰辛，那么这份养育之恩则会大大贬值。如此成长的孩子对失业的父亲可能会生出鄙夷心理，甚至会因父亲而感到丢脸。

在喧闹的城市中经常会见到一种露宿者。在这些人当中几乎没有乡下的农耕者，也没有类似钟点工那种即时工作者。他们大部分是破产的企业家，或是在企业中从高位跌落的工作者。为了对家庭隐瞒自己的实际状况，他们总是会佯装一切如故，实际却每天在公园中借酒消愁，萧瑟度日。

失业对于失业者而言，本身就是一种沉重的打击，理应受到家庭的宽容。特别的是妻子的呵护尤其重要。一位50岁左右的男士失业后，很难找到再次就业的机会，因此便对妻子提议去饭店打扫卫生。

“有家饭店招聘清洁工人，待遇不错，我是不是该去试试？”

但妻子却因为脸面问题，无论如何都不肯接受。男士没有去饭店工作，终日郁郁，最终自我了断了生命。

丈夫失业 4 年，却始终对外界隐瞒这一事实。此时就必须要考虑丈夫所承受的巨大痛苦。妻子不但要及时为自己的自私行为而忏悔，也必须在孩子们面前公开这一事实。只要母亲能够毅然面带微笑生活，那么丈夫的失业便不会对孩子们产生影响。

随着年龄增长，无论是谁都可能被失业或是提前退休的噩耗击中。此时，家庭成员对失业在家的男人应该给予更多的鼓励和尊重。在职场打拼时，遇到困难虽然可以一力支撑，但若是失业在家，心理上会更加敏感，遇到轻视和白眼时，就会受到更严重的伤害。

在这种困难的情况下，妻子不应对丈夫心生轻视，也不应在经济问题上多作纠缠，而是应该劝慰。

“这二三十年你都在为我们的家奔波劳碌，接下来就不用你操心了，安心地歇上 3 年吧。”

若是丈夫依然放不下家里的经济问题，那么就如此劝慰：“孩子们会应付的，我也可以外出作些零工过活。你不用太过担心。”

只有听到这样的宽慰之语，丈夫才能在精神上得到放松，也能寻求到新的工作机会。

如果在家庭中感受不到压力，丈夫就能够怀着平静的心态去面对未来的生活。但若是在家庭中受到了轻视和白眼，那么就很容易生出逆反心理。

“竟然都轻视我？我一定要证实给你们看。”

抱着这样偏激的心理就很容易遭遇失败。比如说盲目投资，余下的钱财也会在鲁莽中被消耗殆尽。由此可见，失业或是提前退休后，不仅需要丈夫主观上努力克服自身的负面心理，而且家庭也需要及时地给予理解和鼓励。只要家庭的力量拧成一股绳，那么任何难关都将平稳渡过。

金钱、地位、财富莫要同步“自我”

随着年龄增长，我们会身居各种各样的位置，权威意识也会逐渐萌生。比如当我们身居老板、主管、父亲、前辈等位置时，就会不自主地将这种社会位置与自我重合一体。但在某一时刻，我们可能就会感到疲惫不堪，力不从心。当从这些位置上脱身之时，就会感到一种自我崩塌之感。失去社会位置的同时，仿佛已经失去了自我。特别是身居高位者，习惯在无论任何情况下都能身居显眼的位置，吸引周边人群的视线。但若是他们从高位跌落，无人问津时，自尊心便会顷刻崩塌，深沉的虚无感也会接踵而至。

在家中的位置也是如此。当丈夫尚有能力在外奔波生计时，到家里也许会理直气壮地吩咐妻子为自己做各种事情，比如倒咖啡、拿报纸，等等。但当丈夫退休后，无法获得以往的收入时，其家庭位置也会有一定程度的下降，甚至会引来妻子的冷脸相对。

“你有手有脚，自己的事情自己做。”

如此一来，丈夫就会感觉到被妻子冷落。尽管在外面受到的冷落可以接受，但若是在家庭中受到妻子的冷落，那么心中便会生出自愧感，感觉自己一无是处，如同被世界抛弃了一般。如此不仅会加速

衰老，而且会在对抗自愧感的同时，养成酗酒习惯，损害健康，缩短寿命。

而且在家的时间越长，就越容易与子女产生矛盾。比起父亲，孩子们更偏向于与母亲交流。即便孩子已经步入大学，但在父亲面前，行为上依然会有些拘谨。只有父亲不在时，孩子才能舒适地与母亲交流。

站在父亲的立场上，当感觉到年老孤单时，也想要跟子女谈谈心，关心一番他们的生活，但子女却常常会因拘谨而有意避开。然而，这却并非尽是子女之过，而是因父亲年轻时的权威意识所导致的结果。因此，在年轻时不要一味地用命令的口吻去要求孩子，而是需要用彼此尊重的态度与之亲切交流。只有如此，在年老时才会看到父慈子孝的画面。

想要克服权威意识，就需要注意在年富力强之际，不要被地位和财富迷惑自我。在职场上固然要保持自己的位置，但在下班后就需要放下上下级关系，与同事间以朋友的关系相处。如此一来，就算从高位跌落，那么也不会沦落到被人淡忘的地步。但若是只知道用职权去压制下属，那么一旦失去职权，以往围拢在身边的人群将会顷刻间作鸟兽散。

如果年轻时权威意识深植脑海，那么退休后就很难去做一些普通的工作。由于依然沉浸在以往的职位意识之中，为了保持体面，自然不会去委身于一些琐碎杂务。但大多数的女性却可以很容易适应这一点。即便有些贵妇曾经非常富有，但这并非是一种社会地位，在家境变得艰难时，她们也会去做一些家政的工作去补贴家用。由此可见，在面对困境时，女性往往更具生存力。

老奶奶在 70 岁，乃至 80 岁时都可以照看孙子。即便无力顾及家庭，也能够照顾自己。因此，子女在赡养母亲时并不会遭遇多少难题。但权威意识深重的男性，年老时则会忧心忡忡。家人既要照料其饮食，还要负责其清洁工作，因此赡养时也会辛苦些。

老来无用并非是由身体衰老引起的问题，而是因权威意识导致的。社会职位只是一个临时性的位置罢了，若是社会职位与自我价值亦步亦趋，难以脱离，那么失去职位时便会感受到无尽的空虚。只有在身居社会位置时，不要将职位与自我价值盲目同步，随时作好自我调节，在年老时才不会被家庭和社会疏离，随时呈现出宝刀未老之态。

未雨绸缪，开始经历 10 年后想做之事

年过 40 岁后，很多人开始为退休后的生活感到忧虑，尤其是那些大型民营企业中的 40 多岁员工。

“眨眼间就要 50 岁了，我在考虑是否该继续上班。我本想开展自己的事业，但却遭到了妻子的强烈反对。”

辞去现有的工作去开始新的事业，无疑是一种非常具有挑战性的行为。当然，如果有稳赚不赔的买卖也并非不可为之。如果开展与自己当前工作有关的事业也倒可以，但如果非要想在完全陌生的领域去打拼事业，那么妻子的忧虑也就无可厚非了。此时，孩子也许正是需要财力支持之际，如果现在辞去工作岂

不是断了自己的稳定收入？

这不仅会让妻子感到忧虑，而且这种忧虑对孩子的成长也有着非常不好的影响。

因此，既然有稳定的收入，那么最好在退休后再投入到其他工作中，或是去进行新的事业，没必要在没有准备的前提下以身犯险。在职场停止供给收入保障之后，再去进行新的事业。

虽然在公司上班二三十年的职员已经颇能运筹帷幄，即便是20几岁年轻人，只要有经验和人脉同样可以在小的事业上取得成功，但若是想

干一番轰轰烈烈的事业，却面临高居不下的失败率。因此在开展事业之前，就需要做一些力所能及之事，丰富自己的经验和能力。

同时心理上的沉重包袱也需要被抛开。子女在二十岁以前，也就是高中毕业步入大学之前，父母需要尽到相应的抚养责任。他们一旦步入大学，就标志着长大成人，那么父母则不必要继续担负抚养义务。如果条件允许便给予帮助，若是条件不允许，那么拒绝帮助也并非不可。

能力和经验日渐成熟的时期就是四五十岁，而30岁时正是接受锻炼和培养的时期。如果在少壮之年便开始为10年之后的退休而忧心，那只能让自己变得更加不安。

在此前的一次聚会中，我曾询问过一些长者："若时光回溯，您最喜欢回到哪个年龄段呢?"尽管我们可能会认为没有人不会痴恋青春，但这些长者的回答却出奇地一致，那就是回到50岁。二三十岁时经济上尚且拮据，未来也有很多的不确定性，可谓茫然无助的时期。但到了50岁，经济上已经有些盈余，子女也已经能够自给自足，身体上也并非过于衰老。因此，这个时期便可以称之为人生的黄金时期。那么既然是人生的黄金时期，还有什么可忧虑的呢?

从现在开始，我们不该为 10 年后的人生而忧虑，而应该在这段时间中整装待发。若是有想要开展的事业，那么就先去从事相应的义务工作；若是想开展环境保护运动，那么就先去参加环境保护团体；若是想开展社会事业，那么就先去加入老年福利或是医疗福利组织；若是想要开一家食品店，那么就先去食品店做义工。在工作学习中丰富自己的经验。

如果想要开一家面包店，便将自己退休后的积蓄全部盲目地用作投资，那么将会百分百失败。若是在开店之前，先去面包店工作 1 到 2 年的时间，那么就能学习到很多有关开店的知识。比如面包的烤制，外卖配送，面包店的运营，店面选址，客户群体，受欢迎的面包种类，生意火爆时为何会火爆，生意惨淡时为何会惨淡，等等。

通过这些经验，我们就会知道自己追求的投资是否可为，如果可为又该如何去做。若是立即以店主的身份运营商店，那么可能会焦头烂额。若是以店员的身份在商店工作，那么将会毫无顾虑，更容易看清全局。而且不仅如此，还能够接触到更多的客人和店员，为自己以后开店起到很大的帮助。这些开展事业前的准备时间长一些也无所谓，时间越长成功率也就越高。

如此这般，在面临新的选择时，就必须有一个准备过程，这样才能降低失败的概率。还有最重要的一点，就是不要一味眼观，而是需要亲身实干。只有如此准备工作，才能起到实质性的作用。

曾有位大企业的职员想要辞掉工作，独自去山中生活，于是便前来询问："大师，一个人的生活怎么样呢？"这位职员的意图非常明显，那就是想脱离喧闹的都市，离群索居。但是她这种想法若是被毫无计划地执行，那么将会是一场百分百的不幸。应该怎么办呢？这并非一定要辞去工作，而是应该在工作的同时，选择周末时间去乡下尝试独居。若是在 3 年中感觉良好，那么便可抛下顾虑，率性而为。但在这种尝试的过程中，这位职业的心态也可能会发生改变。起初可能会感到安宁美好，但几个月后也可能会感觉到枯燥无味。若真如此，那么就该为当

初没有做出鲁莽的决定而庆幸了吧。

还有很多海外的侨胞，在年老时总想叶落归根。但就在他们真正执意回乡后，往往又会心生后悔。

因此，侨胞应该保留海外的居所和居住权，先尝试一番回乡后的生活。若是能够感到适应，那么再作决断犹未为晚。但若是鲁莽地断绝海外的一切，回乡后才发现自己与故地的生活状态已然渐行渐远，那便会陷入进退两难的境地。

“我已厌倦了尘世，想要落发为僧。”

若是有这种念头，也不要着急出家。可以在工作的同时，先去尝试一番清修生活。每日在家，或是周末抽出两三个小时参禅。长此以往，若是真的能够感觉良好，那么当真落发也无不可。在世俗世界时，可能会认为辞去工作，终日冥想其乐无穷。但若是真的落发为僧，3 日便可能会感到枯燥无味。这样的情况并不罕见。

由此可见，走向新的道路，并非是一场毫无计划的旅途。若是能够事先勘测判断，那么便会减少途中的诸多坎坷，自己的步伐也会更加自信。

手足之间，与其借，不如予

人们经常会因获取更多利益的贪欲而遭遇失败，小的贪欲也可能导致大的灾祸。

“7 年前，我将继承来的土地兜售。为了能让自己老来无忧，我便去银行寻求理财帮助。但却遭遇了银行职员的诈骗，损失了数百万。”

这是一种典型的诈骗方式，利用高息作为诱饵。这种诈骗方式虽然很容易引起贪欲者上钩，但对于无贪欲者却无法构成威胁。无贪欲者能够克制自己的贪欲，那么即便面对高息诱惑也不会深入瓮中。

天下没有免费的午餐。经常会有这样的骗局，比如从事外贸生意，从国外引进便宜的商品，在国内销售从而获取高额利润。

平时同样的资金每年的收入并不可观，如今面对高额利润的诱惑，很多人会抱着将信将疑的态度。于是有人便会抱着试水的心理投入较少的资金。但若是第一次的投入有了相应的回报，那么心态就会产生转变。既然试水成功，在丰厚利润的驱使下就会进行再次投资。

第一次投入了较少的资金，那么第二次的投资就会成倍增加份额。既然切实有了回报，那么投资者就会完全信任投资提议者。在这种情况下，投资提议者就会以“这次又有一笔大买卖，多投入些吧”等借口诱使投资者加大投资。如此一来，骗局便已经形成。

还有一些利用寻找遗失的宝物为借口，诱使投资的骗局。这样的骗局虽然虚无缥缈，但一万人，或是百万人中必然会有人上钩。

还有一些诈骗者会在街上寻找机会。比如询问路人是否信道，若是不予理睬便倒罢了，一旦被其巧舌如簧所吸引，那么就会进入接下来的骗局。“你需要办一场法事，否则会有大灾难降临。”若是听信了这种说辞，那么钱财就会如同流水般被源源骗取。

还有些人崇信巫术，在身染恶疾时便会去寻找巫

师帮忙。如此便需要高额费用作法事祛除病魔，即使患者无法康复，巫师也很难受到现行法律的制裁。

若是心生贪欲为了获得高额利息，被银行职员诱使去进行风险投资，那么即便血本无归也很难获得赔偿。因此，若是有了失败的教训便从中惊醒，认识到自己的贪欲，那么到此为止也未尝不可。若是难以割舍被骗的资金，终日不停地想要追回损失，那么只能留下一腔痛苦罢了。在这种情况下，也没有必要与银行职员产生激烈冲突。若是这位职员身负财产，那么便可通过诉讼获得赔付，若是没有财产，追讨也是无用之功。

还有就是可以从律师那里寻求帮助。比如投资了一百万，意识到将要血本无归时，便可以请律师签订协议代理追讨。若是成功追回资金，便可以支付律师相应的佣金。如此一来，若是有丝毫追回资金的可能，

律师也会全力以赴。因此，如果能够追回资金那么便是万幸，如果无法追回便要到此为止。既然是法律都无法追回的损失，那么便没有了获得赔付的可能。

我们的钱财损失一部分可能因为诈骗，还有一部分可能就是起于亲近之人之间的财务借贷。有些亲戚或是朋友以经商为由借款，很多情况下却还款之期遥遥。公司经营者如果资金短缺，本可以去申请银行贷款，若是担保不足也可以通过民间贷款获得资金。但如果通过这两种方式都尚且无法获得资金，那么公司扭亏为盈的希望寥寥。

在这种情况下，公司经营者只能向亲友开口借款。像这样的公司在濒临破产之前，其借款有90%概率无法归还。这并非信口雌黄，而是有理可循。

因此，在这种情况下，与其借，不如予。如果兄弟或是朋友开口借款十万块，那么便可如此应对：“没有那么多，只有这些，拿去用吧”，在有能力的情况下适当给予，不必归还。

而兄弟之间的借款往往是没有利息的。在这种情况下，还款的概率就会降低。虽然高息借款容易被诈骗，但无息借款还款的概率同样很低。产业经营者常常会遇到资金短缺的情况。因此，比起高息借款，无息借款更容易以借口推托还款日期。借款者有很高的概率难以收回借款。

向外人借款可以签订借据，但在亲近之人间很难签订有法律效用的借款证据。在这种情况下若是总为无法归还的款项耿耿于怀，那么不仅会损害自身的健康，还有可能断绝情谊。但若是放下追款的执著，那么就算损失钱财，也不会失去双方的情谊。钱财本是身外之物，若是因钱财而失去感情，是非常不值得的。

平生积蓄一朝丧失者大有人在。若是钱财有所损失，切不必过度执著。尽管会有些遗憾，但常言道：

“易得者亦易失”。自古以来，易得者遭遇破产的例子屡见不鲜。经世界范围内的调查发现，易得者的人生并非一帆风顺，妻离子散者数不胜数。因此，易得并非是一种幸运，也可能是一种灾祸。

我们时常需要如此自省：“世间之物本无归属。”人生在世，空手而来，空手而去。人生获取之一二皆为身外之物。若总为失去耿耿于怀，不仅不利己身，更会伤害旁人。如果在此刻得到惊醒，损失了些钱财又有何妨，只因诸多人生美景犹在。

退休后的善行

奔波劳碌数十年，很多人都在为自己退休后该做些什么而忧虑。公务员是一个当下最热门的职业之一。这种职业的优点不仅在于待遇优厚，而且连年不断的退休养老金也能让人没有了老来生计之忧。

尽管退休养老金可能没有在职时的薪酬优厚，但也足以保障衣食住行等基本生活。但若是心生贪欲，想要预支所有养老金进行投资，那么将会很容易遭遇失败。与其如此，还不如细水长流。如果每月的养老金依然有些捉襟见肘，那么就不妨去做些其他的工作补贴家用。由于职业所限，对商业范畴涉及较浅，因此盲目投资往往会因为慎重不足而惨淡收场。

公务员退休后，最少应该做出三年以上的社会奉献工作。在过去的数十年一直在接受国家供养，所谓食国之禄，忠国之事。既然接受了国之俸禄，对国民和国家就应该知恩报恩。因此，不管是作为城市清洁工作，还是利用自己的能力做一些社会奉献工作，都需要持续三年以上。这也可以看作是对社会的一种“反哺”。

最好是寻找一些能够让自己得心应手的工作，特别是与自己的兴趣和能力对应的奉献工作，这样就能让自己在退休后在最短的时间内进入工作状态。另外，去农村务农也是一种不错的选择。尽管务农并没有多少收入，但既然每月都能领到退休养老金，那么便没有了后顾之忧。如此，便能怀着轻松的心态去面对田园生活。

如果即将退休，那么就需要提前准备退休之后该做的工作。如果对某些工作感兴趣，那么不妨先尝试着学习一番。若是喜欢田园生活，那么就在周末去乡下义务帮助耕者务农，长此以往便会对农活得心应手。如果有必要，还可以按照当地市价承包一块土地。尽管外来者承包土地可能要贵一些，但若是与当地人相熟之后，价格也不会太过昂贵。

还有，修行并非是退休之后才能进行的。若是在退休之前就开始荡涤心灵，那么退休后的不安心理也自然会渐渐消弭。若是在退休之前便开始整理内心，保持学习的态度，持续进行社会奉献活动，那么对于退休后无所事事的畏惧感也将不复存在，身体和内心都能以全新的姿态去面对美好的晚年。

退休享受暇余的权利

很多人都梦想着退休后卸甲归农。如果是夫妻双方都向往的愿望也倒罢了，但若是一方保持反对态度，那么归农的愿望便不太容易实现了。有一位老夫人因 62 岁的丈夫总希望去尝试从未经历过的乡下务农生活而倍感焦虑。但老夫人反对丈夫归农的理由却令人错愕。

“三十一岁的儿子现在与我们住在一起，每天辛苦工作，至今都尚未成婚。我们如果去了乡下，我会不放心儿子独自生活。”

丈夫为家庭奔波一生，到了晚年想按照自己的意愿去生活也无可厚非。但若是因担心儿子的生活而拒绝丈夫的愿望，那么是否真的值得呢？

如果子女二十岁之后，父母依然在为他们的生活而忧心，这对于子女和父母双方都没有益处。比如，儿子已经高校毕业，并进入大企业工作，那么为何无法正常恋爱呢？这其中的一个原因就是母亲对儿子溺爱照料，让其感到生活太过舒适的缘故。母亲只有放开双手，给予儿子飞翔的空间，他才能尽快建立自己家庭的生活。

但事实上老夫人只是自己不愿意去乡下生活而已，放心不下儿子只是一个推托的借口。本来靠着退休金便可以在都市里生活得很好，自然不愿意去乡下风吹日晒。然而与其用儿子作为推脱借口，还不如与丈夫开诚布公，共同寻找一个折中的解决方法。毕竟是否搬家，还需要考虑双方的意见。夫人有享受在城市生活的自由，丈夫同样拥有享受乡下生活的自由。因此，夫人不需要束缚丈夫的自由，也不需要执意劝

其改变念头。

让儿子去独自生活，自己在城市生活，丈夫去乡下生活，这样分开居住也不失为一个不错的选择。如果一个人生活感到孤单，那么最好不要去打搅儿子，而是要去寻找自己丈夫。毕竟能陪自己走到最后的还是丈夫。如果同时放心不下儿子和丈夫，那么只会在彼此之间构建障碍。因此，在儿子和丈夫间就必须做出一个选择，只有如此，家庭关系才会和睦持续。

不必为儿子或是丈夫而感到忧虑，要保持轻松愉快的态度去面对生活。丈夫老后总会找些喜欢的事情做，儿子长大了总会要步入婚姻，老夫人在晚年同样享有自由生活的权利。

独自生活必然要承受相应的生活压力，但这也正是享受自由的代价。丈夫有养老金可以作为日常花销，而自己也可以外出做些清闲工作维持生计。或者还可以跟儿子索取一些生活费用。在儿子结婚前可以适当索取，如若有朝一日儿子步入婚姻，那么索取将可能会导致一系列的矛盾。

看到这位想要阻止丈夫去乡下归农的老夫人，我甚至有些庆幸自己没有步入婚姻。丈夫为家庭奉献出了一生，在老后本应享受自由之暇，但即便这一点小小的要求都会遭到干涉。家庭并非是一种枷锁，而是应该给予每一个家庭成员相应的自由。也只有如此，丈夫才能健康长寿，儿子也能够幸福地面对未来的人生。

正规职业与非正规职业

曾经有人如此发问：

“牧师的退休年龄是多少岁呢？”

另一人回答：“68 岁”，但随即有人向我问道：

“那么僧人的退休年龄呢？”

"牧师是一种正规的职业，因此有退休年龄。而我们僧人只是一些非正规的编外人士，所以并没有退休一说。"

我的回答惹来一场哄笑。

社会通常将正规职业认为是优秀的，将非正规职业认为是劣性的。但这种判定显然过于片面。如今正规职业的比例越来越少，非正规的职业却越来越多。我们应当将之看作为一种社会现象，而不应将视之为问题社会的产物。

正规职业也就是所谓的铁饭碗，看似收入牢靠，但从侧面而言，正规职业者究其一生都将被职业禁锢。人们将固定收入者看作为正规职业者，将自由职业者看作为非正规职业者。但这二者却没必要用高低来判定，只是各有千秋罢了。世俗生活本来就是一场非正式职业。比起固定经济收入，选择去做一些自己喜欢之事，自由而活，又有何不可呢?

若是非正规职业者一味想要追求正规职业，这显然不太现实，而且众多非正规职业者也将持续生活在自卑之中，并逐渐演化为一种社会问题。

我们以公司的角度来举个例子。为了保持公司的正常运作必须要有 100 名职员来支撑。但在公司业务繁忙时又会需要另外 30 名人力。如果将这 100 名职员成为正规职业者，那么余下的 30 名就可以称之为临时的非正规职业者。

但问题是有些公司常常会为了节省薪酬开支，让一些非正规职业者从事正规职业者的工作。尽管工作相同，但薪酬待遇却差距较大。非正式职业者不仅没有公司的职位，而且薪酬也比正规职业者少上一半有余，这显然是一种不公正的待遇。这方面的合理化改革刻不容缓。

若是正规职业者月收入一万元，那么非正规职业者在短期六个月或一年内的月工资就需要提高到

一万五千元左右。只有如此，才能保障正规职业者与非正规职业者在长期平均收入上的均衡。其他一些国家已经在重视并开始解决这些问题，而我国的正规职业者与非正规职业者间的差距依然尚未改善，在短期乃至长期中遭受着不公正的待遇。这就造就了不公正的社会收入体系。

其实，不只是制度需要改革，个人的思维也需要做出改变。如果能保持朴素的生活作风，改变对待工作性质的固定观念，那么生活也将变得更加安和。若是每天期待用最少的工作赚取最多的财富，事事都要胜人一筹，那么无论制度如何改革都将无法满足这种要求。

如果将一切的责任都归咎于制度，那么社会问题将永无解决之日。我们的生活就在当下，但制度的改革之途却任重道远。我们尽管一直在渴求社会的改革，但在此过程中我们依然需要幸福地生活下去。若只在不满中痛苦挣扎，那么人生也只能会是一片荒芜。因此，我们偶尔也需要抱着积极的态度去看待社会，与之做出相应的契合和适应也非常必要。

在年龄增长的同时也需要接受收入的重新定义。比如，以前月收入过万，而如今月收入几千也要努力工作；以前工作有钱可赚，而如今没钱赚也要去进行义务奉献工作。如此一来，今后的二三十年也将会变得更具意义。因为我们同为社会的一员，在索取的同时也不能忘记回报。

乡下的耕者一生播种收割，操持农务。而都市中的年轻人却是在书桌上琅琅读书，他们可能会认为务农之事终生毫无意义。但事实上，越是上了年纪就越需要运动，这样身体才会更加健康。若是怀着“无事不能成”的心态努力工作，到了晚上淡茶一杯，轻衣而眠，那么无论是心灵还是身体上都更加轻灵，自然也会健康长寿。

彼此理解可避纷争

社会生活中最让人感到疲惫的并非是工作，而是人际关系。特别是在职场生活中，与上司、同事、后辈之间的关系矛盾比工作重担更让人深感疲惫。

“我的上司真是太过分了。”

“简直不可理喻。”

有位职员如此抱怨。但对于“上司很过分”这样的评价实为太过主观。所谓在其职谋其事，职员可能会对上司的要求有些抵触，但也不能随意给出自己主观性的评价。

世间之人各具不同的特质。我有所关心的，他人也有他人所关心的。因此，我们彼此的价值观也会有所不同。我们对外界的感知不同，为人处世的方式也会有所不同。这也仅仅是一种差异罢了。

若是太过于执著对错，那么就很容易形成主观心理，忽略对方的观点和价值观。这样，尽管在工作效率上可能会尤胜一筹，但在人际关系上却会不尽人意。而且过于追求效率也并非全然正确。有些情况下，有些人工作出色，但处世关系却非常糟糕，如此便会破坏整体的工作氛围，对业务也会产生非常不好的影响。还有些人性格很好，但却没有做事的头脑，也会

在工作上出现问题。

在工作的同时，学会接受各种各样的同事之间的不同之处非常重要。我们要从有错的枷锁中脱离出来，只需认识到他人的特质和与自己的不同即可。

“不同的生长背景、出身、条件会造就不同的人。”

“上司有上司的苦衷。”

“下属也有下属的难处。”

如果能够如此相互理解，那么在工作过程中彼此的压力便会减小。若想如此，首先就需要让自己的心态变得平和，这对人际关系的化解很有帮助。

前文中提及的职员由于在职场上承受的压力过大，最终接受了癌症手术。过度的焦虑会导致压力与日俱增，患癌的概率也会日日攀升。如果心中火气太多，那么这种怨怒带来的负面能量也会对健康造成极为不良的影响。

这位职员在职场生活中需要及时改变心态，给予自己安和的心理暗示。比如："我跟他们的工作方式不同。""谁都有谁的难处。"若非如此，长此以往必定会在社会中出局。若是我们能认可人无完人、人非圣贤这两条处世准则，那么或许对工作会更有益处。

在工作中营造人生活力

年轻时纵欲而为，但在某个瞬间就可能对所做之事感到乏味。因此，在职场工作的同时，我们会渐渐地感到疲惫，缺乏活力。这种时候我们就需要去思考如何在工作中营造出新的活力。

人们在两种情况下可以获得愉悦。其一是在做自己喜欢做的事时。这会感到兴趣盎然，但在兴趣过后又会觉得全无意义。年轻时夜夜笙歌，把酒言欢可能会觉得很有意思，但在10年之后却会觉得过去的人

生其实是一种荒废。我们在推开酒吧大门时可能会觉得兴奋无比，但在夜深离开时可能也又会觉得空虚无比。这都是因为没有得到实际收获的缘故。因此，若是在年轻时节追求纵欲而为，那么在年长之时，空虚和悔恨便会接踵而至。

其二是人们在做对他人有益并可以得到收获之事时。这也会感到愉悦。尽管可能会非常辛苦，但在时过境迁蓦然回首时，却会感到阵阵自我满足。届时还可能会慨叹和怀念那段有意义、有收获的美好时光。

普通人常会以兴趣来创造人生快乐，如此在日后必然会产生后悔和空虚。但若是反过来刻意去追寻人生的意义，那么却会让自己压力倍增，深感疲惫。只有从二者中取折中之术，才会觅得人生快乐的根本，那便是做有益于他人的自己。虽说如此才能达到最和谐的状态，

但实际中的我们却时常各取一道。

比如，社会活动家所做之事皆有意义，但却艰辛无比。因此在感觉到疲惫之时，就需要放松心态，偶尔按照自己的意愿行事。暂时抛开我为人人的心态，充分给予自我追求自由的权力。如此才能焕发出更强的活力投身于社会事业。

反之，那些只忠于自身之事之人，若是感到疲惫，那不妨去做些对社会有意义之事，如此也能焕发出更强的生存活力。所以说，忠于自己之事固然是一种兴趣，但在年龄增长的同时也会倍感空虚，如此就需要寻找一些有意义之事去调剂自身的生活。

或是将自己的才能用到一些必须去做之事，或是从事一些与职场生活完全不同的体力奉献活动，如此生活便能获得更旺盛的活力。

我在二十几岁时，若是感到意志消沉，便会进行断食，关起房门忍受一个星期的饥饿。生命体若是断食，那么就会产生强烈的生存欲望，因此在精神上便能获得旺盛的活力。由此可见，若是在习惯性的事物中失去了活力，那么不妨脱离固有的习惯去寻找新的方向前行，如此一来便会发现自己逝去的活力会渐渐再次升腾。

对我而言，讲演和游戏并无甚区别。因此兴趣和工作也并没有什么不同。但我若是开始收费讲演，那么结果会如何呢？如果我一小时可以通过讲演赚5000块，那么我便可能会为一个半小时的讲演多得2500块而斤斤计较。若是讲演所得比预想中的少上很多，那么心情自然也不会愉悦。如果如此，我便会因财所迷。我终日免费讲演的原因正是想要将之看作是一场快乐的游戏。因此，一日讲演三五次都不会感到心力交瘁。既然是游戏，那又如何会感到疲惫呢？所以说，在收到的讲演邀请中，有些邀请会被我刻意拒绝。

第一就是广播栏目讲演。广播栏目讲演的听众一般都会收到一些劳务费，因此他们的注意力要比缴费的听众散漫许多，时间稍长就会感到疲惫无比，就像是熬夜加班一般。而且这些听众对讲演的内容并无呼应，只是在给到镜头时才会佯装做些记录，但镜头过后又会萎靡不振。这样，我在讲演过程中自然无法做到与听众合拍。

第二就是去军队、政府部门、企业做讲演。这种讲演的听众一般都是为出勤率而来，具有强迫性。

第三就是去学校进行讲演。在大学的讲演，学生们一般是为了出勤或是课业分数而来，并非是真心喜欢，因此注意力和讲演互动也难尽人意。

最佳的听众就是因喜爱而来的听众。他们对于讲演内容的喜欢出自内心，注意力高度集中，甚至不会放过讲演者的一颦一笑。

因此，我们对前路的选择并非是赚钱与否，而是要去追寻能让自己发光发热的道路。若是能够将兴趣与工作融为一体，那么人生便会成为一场快乐的游戏，生活中的活力也自然会源源不断。

放下“往昔”意识

往昔六旬为长，因此，花甲之年便会被称为退休之期。但如今的 60 岁却依然犹如往昔 50 岁那般健康强壮。如此看来，退休之期也应该推迟 10 年。

但这必须有一个前提。当下年轻人的社会位置难以平均，退休之期的延迟只能降低年轻人就业率。因此就需要让出就业位置。

比如 58 岁面临退休时，月薪 3 万。若是延迟退休，月薪照旧不仅会为企业造成负担，也会造成职位短缺的问题。尽管年龄增长会带来智慧和经验，但行动力和执行力却难如以往。

在这种情况下就需要献出自己的经验，让出自己的职位。比如降低自己的月薪，将自己的职位让给新人，自己担任顾问等。在 70 岁时可以降低自己的出勤率，再次降低自己的月薪。这样，不但可以将自己的才能倾囊相授，也能降低企业的负担。

在年龄增长的同时，也需要改变对业务的固定观念。公司的老板退休后为何不能去当一当公司的门卫呢？若是社会教育能够做到职业无卑贱，那么老板去当公司门卫不仅不会丢脸，反而会赢得更多的尊敬。还有那些退休后的老教师们，不需要终日在家无所事事，可以去学校帮助年轻的教师教授课业，每周两三次即可。这样不仅可以分配自己的业余时间，也能赚

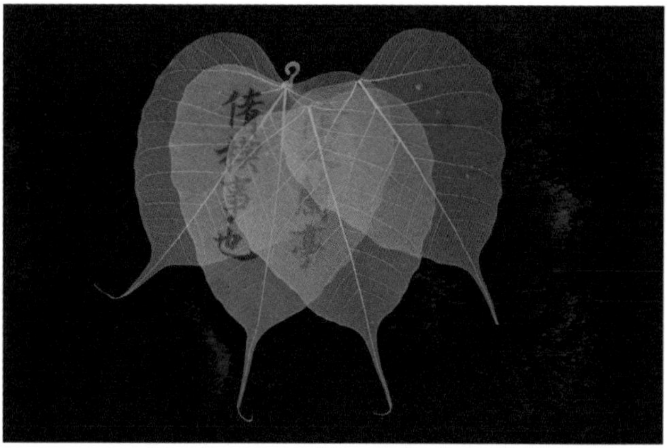

取一些额外所得。

如今在社会上，年长者常常会被归类于弱势群体。但若是调查一番，就会发现老年人能够从事的工作数不胜数。在我们的修行团体中，年轻人腌制的腌菜味道平平，但老者的手艺却非同一般。因此，老者无法从事的劳力工作一般交与年轻人去执行，而老者们则会为他们准备饭菜。这样便能达到最优化的团体配合，集体合作的效率极高。

在田中劳作也是如此，一些辛苦的工作年轻人可以去执行，但一些技巧性的农活却需要老人们在一旁进行指导。如此，就算年过八旬依然会老有所依，老有所食。

在乡下，老人们会像壮年人一样劳作。在年轻时可能会认为在都市工作比较得意，在乡下务农的工作则比较辛苦。但在年老时，乡下的老人尽管年过 70 岁依然不会像都市人那样退休，而是依然会做一些力所能及之事，甚至年过 80 岁都在从事农活。

在年长时，只有保持身体多做运动，尽力发挥自己所能，这样才能保持活力。那些贫穷国家中的老人尽管身体衰老，依然眼神炯炯。但那些在公园中无所事事的美国老者眼中，却很难看到旺盛的活力。由此可见，肉体上的舒适并非一定就是幸事。只有老当益壮，做些力所能及之事，才能得到真正的健康。

6 章

丹枫烂漫锦妆成，要与春花斗眼明

安然如自然，
人生已得平安。

丹枫烂漫锦妆成，要与春花斗眼明

万紫千红总是春。春天的美丽不只是在于春花万朵，那些嫩绿的新芽也着实让人振奋。它们无声度过盛夏，在金秋化作锦妆丹枫，最终叶落归根，化作来年的一片春泥。

古诗有云：“早秋惊落叶，飘零似客心。”这飘零的落叶果真仅仅蕴含着一腔悲意吗？恐怕这只是观者自怜吧。看到那落叶，我们时常会慨叹青春已俱往矣，痴念那份不愿凋零的绝代风华。

那么只有春花和嫩芽才值得赞美吗？秋日熟透的丹枫也同样不输春花之颜色。踏春者鲜衣怒马看遍繁花，赏秋者登高望远目尽枫华。

春花凋零，美丽只在刹那之间。而丹枫之美却如尘封香醖，饮之甘醇，意犹难尽。

我们的人生也在成长老去，正如那熟透的丹枫般即将走入弥留之际，但这绝非一种悲戚。若能如自然演变那样安然老去，那么人生已然得到了平安。

那么人生若想如丹枫般美好，又该当如何？那就是要放下不愿老去的执念，坦然接受岁月流逝的事实。甚至要抛弃“安度晚年”的意识，只需顺其自然变化。也要接受岁月，接受衰老，接受疾病，接受白发，接受皱纹，接受步伐蹒跚，接受油尽灯枯之种种变化。

只有接受了自己现实的处境，脸上才能露出安和之态，给人一种“老当益壮”之感。继而驱走风烛残年之凄，成就锦妆丹枫之美。

若想以丹枫自比，最重要的是要把握好一个“度”。老年的欲望应当适可而止，否则将出现一系列的副作用。年轻时身体具有很强的自愈能力，而年老时却身如朽木，不堪重负。

首先就是不能暴食。年轻时消化能力很强，再多的食物都能快速消化。但年老时消化能力却会急剧减弱，暴食只会导致疾病，加速衰老。因此无论多么美味的佳肴都应当适量食用。

再者就是不能暴饮。年轻时烂醉如泥，一两日身体便会恢复如初。年老时的暴饮就犹如一场换季秋雨。所谓一场秋雨一场寒，年老时的身体经不起秋雨后的寒冷。

还有就是不能过劳。年轻时过度劳累，美美地睡上一觉就会神清气爽。但若是年老时过度劳累，却很难恢复。这并非是说年老时不能运动，而是要注意适量运动。

年龄增长，任何事都要把握好一个度，绝不可像

年轻时那样放纵欲望。年轻时闯荡世界经常被誉为“勇气可嘉”，即便有精卫填海之志也可称得上“有大抱负”。但若是上了年纪依然抱有年轻时的念头，却难以实践了。年轻时可以思维激荡，但年老时却应该保持平和淡然的心态。这样不但有益己身，同样有益于旁人。

年老时不需要再去按部就班照计划行事，而是需要整理自身；也不需自暴自弃，而是收获果实，给自己一个美好的结局。

同时也不要为衰老而惆怅，不要为衰老而不甘，不要为活得更年轻而执著。而是将自己看作成一片

“即将化作春泥的丹枫”，如此内心的欲望和执著便可片片无形。

辛勤的农夫也有悠闲的时光

年轻有一种柔软的弹性。生命力也非常旺盛，即便偶染疾病也会快速痊愈。反之，上了年纪若是大病一场，便会加速衰老。因此，在年轻时应尽量避免过度劳累。过度劳累都是由欲望而起，过度忧虑而陷入执著只会让自己感到痛苦。因此，上了年纪最好不要事事执著，而是要多多考虑自己的身体。

但在年轻时就养成过度劳累习惯的乡下老人们，却经常因为过度劳作而忽略自己的身体。农活本应日出而作，日入而息，但却经常有些老人披星戴月而归。因此，不要过于贪心，今日难成之事明日继续完成即可。

适当地运动身体虽然有益，但过度地操劳却能缩短寿命。极限运动参与者的寿命要比普通人短上很多，这因为过度利用生命能量而导致寿命缩短。生命就犹如汽车，计算使用年限的并非是年份，而是公里数。如果经常在短时间内超速行驶，那么自然会缩短使用年限。若是经常以 80~100 公里的速度行驶，那么在

二三十年后依然不会产生太大的损伤。

世界上寿命最长者从事的是何种职业呢？我们常常认为是农夫。即便是年轻时过度劳累的农夫，寿命过百者也并不罕见。因为农夫总有休闲的时候，寿命自然会绵长。

适当地运动非常有益，但也并非是去健身房运动，而是应该为了健康而做适当的劳作。可以做家务，可以打扫房间，在乡下生活也可以做些农活。如果身体不适就去房间休养，那么反而会更不利于健康。在适当的程度下作坚持不懈的运动，即便腿部疼痛也需要经常散步，这样才能抵制肌肉僵化。

过于清闲，运动不足，可以导致身体健康恶化；过于劳累，过度使用身体，同样可以导致身体健康恶化。机械如果长时间没有运作反而更容易产生故障；但若是常常过度使用，却会产生高热从而磨损部件；只有适当的使用，才能保证长时间运行。我们的房子也是如此，过度地使用或经常闲置很容造成耗损，合理保养才能保持百年不朽。

经常会有些从未生过病的年轻人突然猝死，这都是因为对自己的健康过于自信产生的后果。特别是在60岁以后就需要特别注意身体状况，平生都未曾患疾病者尚未做好身体衰老的准备，常常会忽略健康状况，很容易患心脏方面的急症。

经常身体不好的人会尤其在意的自己健康状况，反而会活得更久。我们应意识到年老和年轻的身体差别，从而合理适当地进行符合自身年龄的身体活动。

训斥和责骂乃和睦之敌

儿时总喜欢和祖父祖母住在一起。因为跟他们一起总能得到无微不至的关怀和宠爱。但随着年龄日益增长就会感到厌烦，其原因之一就是唠叨。年长者总喜欢给予年轻人一些训诫。但无论如何，忠言逆耳，听多了都会让人感到厌烦。

小孩或是年轻人话多可以称为活泼可爱，但若是老人话多，则会被视为唠叨。因此老人就需要减少自己的话语，特别是要注意不要唠叨。那么为何老人会变得唠叨呢？这是因为他们总是以往日的标准来要求晚辈。还因为老人有着丰富的阅历，总会看到年轻人身上不成熟的地方，因此总会想要训诫一两句。

比如乡下的老人只要看天气就能知道是否会下雨。假如下雨之前，老人喊自己的子女收拾院子里晾晒的谷物，一两遍没人应声，老人就会喊上三四遍，这也就变成了唠叨。尽管子女应声便能化解矛盾，但晚辈却不喜欢听长辈唠叨。

因此，如果喊上几遍没人应声时，就应该及时停止。即便下雨淋湿了谷物，一次两次后子女便会开始接受教训。但老人总是忍不住内心的焦急，对子女的生活造成过度干涉。

80 岁的老母对 50 岁开外的儿子告诫："注意车辆"，这完全是不必要的担忧。这虽然出于对儿子的关心，但听在子女耳朵里却是一种唠叨。因此，父母需要及时停止唠叨。如果实在想说些什么，那就不妨在唠叨之前及时打住，念上一句："南无阿弥陀

佛”。念佛不仅可以增进功德，还可以有效地克制唠叨。

若是子女如雏鹰般一去不归巢，那么父母就需要自我审视。“自己是否过于唠叨？是否过度干涉了他们的人生？”

儿子和儿媳吵架，身为父母也需要不加干涉。儿孙自有儿孙福。儿子和儿媳吵架自然需要他们自身去解决，而且在一般情况下他们自有办法去解决矛盾。

父母七八十岁时，子女会四五十岁，孙辈也会二十岁左右，若是在这时还在对他们的生活指手画脚，唠唠叨叨，那有谁会喜欢呢？然而反过来讲，子女在侍奉父母时，需要了解和接受老人的这一特征。同时，老人也需要为自己美好的晚年而尽量克制唠叨的欲望。最好不要一再催促子女，不要过于传达自己的意见，不要过于干涉他们的人生，不要在对与错的问题上多作纠缠。只有放下嘴里的唠叨，才能与子女和睦相处。

孝子的养成之法

父母对子女的成长总会倾注太多的心血，于是在子女长大之后自然会心生期待，只要稍稍不如意他们就会抱怨：“你太让人伤心了”。然而，子女的成长已然成了过去式。如今只有放下了对子女期待的执著，才能让彼此双方找到属于自己的幸福。而这也正是孝子的养成之法。

父母总是期待子女的电话，或是常回家看看，但子女经常会被自己的工作缠住手脚，长时间忽略与父母的联系，自然也就成了父母口中的不孝之子。但父母可以如此转换思维：没有消息也就是好消息。“他们过得应该没那么糟糕，所以才会没有联系的吧。”如此想来，心中就会高兴许多。还或者：“小时候总是要这要那，现在终于能自给自足了，孩子长大啦。”若是如此作想，就能让自己的心态平和。

若是将子女的不孝转换孝顺，那么自己的人生也将变得更加甜美。

“辛辛苦苦把孩子拉扯到大，他连过年都不知道回家看看。”这样的念头只会在自己的心中留下一腔悔恨。由于对子女有过度期待，对他们的怨气也会越来越深。话又说回来，辱骂子女岂不是在辱骂自己？孩子是谁生的，是谁养的？正所谓逆风扬尘，反污其身。只有消减对子女的期待，自己的内心才会变得泰然。

如果子女归家探望，父母就需要感恩上苍。“辛苦养大的孩子知道回家探望，感谢上苍。”子女若是懂得孝敬，不需在意他们能够给予多少，只需感恩上天。父母年老，子女知道回家探望已然是一种福分。只要放下对子女的期待，那么心中的怨念也将荡然无存。既然他们能够平安生活，那么还有什么值得抱怨的呢？

子女长大成人，让他们独立生活乃是自然之事。鸟儿抚育幼鸟展翅高飞，即便幼鸟一去不复返，也不会心生怨气。诸多生灵抚育后代，也从未图过回报，即使子女日后形同陌路也不会心生怨气。

若想要子女学会独立，父母就需要把握重心。从出生到高中毕业，有能力者可以照顾到大学毕业即可。

不过，尽量让他们独立读完大学，步入工作岗位，独立面对婚姻，这才是父母真正该为子女尽到的义务。若是子女结婚时，为他们购置新房，购买一切所需用品，这也只是让父母脸上有光，对子女的未来并无益处。

子女成婚后本应成立独立的家庭，但父母之爱却会建立一道障碍。美其名曰这是一种亲情之爱，实际上这却是一种干涉。过多的担心和照顾也是一种干涉，不仅是给予经济上的支持属于干涉，过度地关爱同样也是干涉。因此，在子女成婚后，就需要适当地减少期待，否则父母将继续沉溺在对子女的期待和执著的痛苦之中。

在照看孙辈时，若是陷入了执著，在日后同样会引起矛盾。若是能像照看邻家小孩那样抚养孙子，便能够获得感激；但若是执著于“辛苦抚养”的过程，那么会再次心生期待，日后的矛盾也将不期而至。

无论在子女身上倾注了多少关爱，只要他们离开自己的怀抱，就需要放下期待和执著。这也正是理性养子之法，人生意义的寻回之法，也是幸福人生的打造之法。

紧握生存之本

在以往，父母年老时会将财产全部交予子女，自己便可以稳坐后堂，颐享天年。但如今时代变化，即便我们能够赡养父母，那么我们的子女也不一定能够很好地赡养我们。因此，财产尽量不要全部交予子女。

若是将财产全部交予子女，子女用此财产投资失败，那就只能流浪街头了。如果是年轻时流浪街头，那还可能会有翻身之日，那时就算身无分文也不会感到凄惨。但若是年老时流落街头，那该是怎样的凄冷。

因此，在子女哭诉事业遭遇波折时，千万不要将维系生存的棺材本交给他们，否则很可能会连祖宗基业都一起赔进去。

老有所依便能安度晚年，若老无所依那就是凄惨度日。因此，一定要紧握自己生存下去的根本，若是将自己的根本交给子女，在子女的意志下生活，那就很容易对其产生怨言。

紧握生存的根本并非是为了自己一己之私，而是为了能让自己的晚年有所保障。即便子女穷困潦倒，届时也有能力为自己举办葬礼。

假如有100块的财产，那么就需要在生前交予子女70块到80块的份额，剩下的20块到30块留给自己养老之用。如果财产过少可以降低比例，财产颇丰便可提高比例。如此，子女与父母之间的关系才会健康长久，年老之际也不会老无所依。

尽管皈依佛门便可抛下一切，身无外物也可以生活得很好。修行之人淡泊外物，在寺中

也会基本衣食。但普通人却很难达到这样的境界，普通人必须要有衣食住行等基本的生存保障。若是都市居民，那就需要有固定的花销，每月的收入要在 1000 块左右。

年长者很难找到工作，没有收入就必须向子女索要花销。若不想如此，就必须要紧握住基本的生存保障，只有如此，子女和父母才能放弃对彼此的期待和执著，独立地生活下去。

还尽现世恩，再去度忘川

人若想生存，就需要吃饭，需要穿衣，需要有屋所居。那么除了这些，还需要什么呢？

一位 60 岁的家庭主妇对老后的生活依然抱有担忧。

“现在每月只有 1000 块左右的收入，真不知道生活要怎么过。好在政府已经提供了廉租房，未来 20 年不用再为容身之所而烦忧。”

既然有了容身之所，那么基本的生存条件已然具备；每月 1000 块的收入，就能保证不被饥饿所困。而且老年人过食并无益处，所以在饮食方面应尽量保持节俭。老人不需要有太多社会性的担忧，在完善的社会福利制度下，老年人享受的福利制度也会越来越优厚。若是现在 60 岁，那么在 70 岁之前也可以外出做些清闲工作补贴家用。如今经常见到一些老人在路边捡箱子和水瓶来赚些收入，虽然赚得不多，但却也够日常生活花销。

若非病人，那么到 70 岁甚至是 75 岁都能够做些事情养活自己。比如帮人照看孩子或是做些清洁工作。

人们对老后生活的忧心，房子问题排在首位。特别是老人群体对于房子问题应该重做考虑。在养育孩子时，房子大一些无可厚非。但如今孩子成婚离家，居所就应该适当缩小面积。若是将现有房子卖掉，重新租一间稍小的房屋，那么剩下的款项可以存进银行，每月得到的利息也可以用于生活花销。若非如此，也可以与子女达成协议，房子以后可以让其继承，但每月需要给予适当的经济供给。

况且生活社区的房屋需要缴纳高额物业管理费用，这方面的费用只能靠自己支出。政府虽然可以给予生活困难者一定的经济补助，但却没有帮助缴纳物业费的义务。

人老之后，若想保持年轻时的生活水准，必然不是那么容易的。但若是能够放下执著，老后生活

多行节俭，那么老年之忧也将迎刃而解。

古时称 60 岁为花甲，一甲子为一循环。因此年逾花甲之际，就需要考虑 :“偿还前半生所受之恩惠”，若是能抱有如此心态，那么金钱索取也自然没那么重要，余下的人生也将变得更具价值。

在整理自己过往人生的同时，人生也在走向结局。我虽然至今仍在进行各种社会活动，但却打算在人生结尾时能够卸甲归田，与耕牛为伴。在寿终正寝之前，能够食己所获，也是件美事。山中的松鼠在老死之前不也在自寻果腹之食吗？在临终之际回归自然，自给自足的同时，也能享受到最为安和的晚年。

人生在世需分享

随着年龄的增长，人就需要变得宽厚，懂得分享。年轻人奋斗积累财富会被视为努力上进，但上了年纪却依然吝财如命，那么就会显得狼狈可怜。

比如身着之衣，若是生前不懂得分享，自己死后也无法带离人间。逝者的衣服没人会穿，就算是有名之士的衣服也只能被送去博物馆或是被付之一炬。正因如此，还不如生前赠予他人。予人玫瑰，手留余香。逝者的遗物与其葬入坟墓，还不如生前与他人分享，为自己换来一份福德。

财产也需要尽力施予那些需要之人。让饥者有食果腹，让病着有药可医，这都可称得上是大功德。

老年人都希望自己的子孙福泽绵长，但首先自己就需要积累福德。比如用自己的财富去帮助那些贫困者，但这并非是要抱着施舍的心态，而是应该以平常心去给予。给予之财不在多，贵在诚。即便是一元的捐赠也是一份福德。既然自己身具福德，那么子孙也将会受到荫泽。

长者仙去，留下大笔的遗产，对子孙而言也不一定是种福分。为争遗产而导致兄弟成仇的例子，已经屡见不鲜。父母在世时虽然可以和睦相处，但一旦父母离世，财产纷争便会愈演愈烈。由此可见，大笔的遗产非但不是一种福分，还可能成为矛盾之源。但若是无财可争，那么矛盾也自然不会产生。

生前若是一起将所得全部赠予，死后也能从容而去。因此，在生前留下一部分财产作为自己生活之用即可，剩下的可以做些力所能及的公益活动。有很多人为了自己缴纳的个人所得税感到可惜，实际上大可不必。因为我们既然从社会中获取，就应该适当地回报社会。缴纳的税也可以算是一种公益事业。

我们生于世间，依靠社会的恩泽而存。我们聚集的财产也并非个人所得，而是社会共同给予的恩惠。

只有谨记这一点，用自己的财产多作公益才算是功德。前美国首富比尔·盖茨将自己一生大部分所得全部投入到慈善事业，为艾滋病等人类顽症的研究事业做出了巨大贡献。只有让自己成为人类发展的积极推动因子，个人所得财富才会变得更具意义。

不久前，某位大企业掌门人与自己的亲兄弟对簿

公堂。父母所留遗产本应与手足分享，但这位掌门人却高调宣称，不会对财产分割做出丝毫让步，有必要的话还会继续上诉。

由此可见，人对财富的欲望无穷无尽。财富并非是幸福的象征，也并非能解决所有的人生问题。同时也要看到遗产对手足之情造成残忍重创。因此，在一生劳碌的同时，我们也需要及时思考，自己的一生所得到底会成为功德之因，还是会成为灾祸之源。

仅需付出，不期回报

因果循环，轮回不息。做好事会有福报，做坏事也会有恶业。但有一点需要我们知道，不管做出了何种善行，最后的结果都会因念而异。

人们做出了善行，都渴望获得他人的认同和称赞。多数人在付出之后得不到回报时，都会心生背叛之感。

比如母亲辛苦哺育子女长大成人，如果子女不记恩情，不孝不义，母亲就可能会心生怨艾，在失望中苦度余年。社会上那些全心全意地付出的义工人士，若是其所作价值得不到肯定，那么也将会心生苦楚。

因此，很多人虽然为他人或社会奉献所有，但却依然无法获得自己的幸福。这种结果正是因为感到自己为他人奉献一切，但他人却对自己的付出一无所知的缘故。

这时的处世思维就需要做出改变。《金刚经》有云："诸菩萨，应无所住，而生其心。"意思就是说诸菩萨虽普度众生，却不应住普度生心，不应视普度为普度。如果菩萨有了普度众生之心，那么必然心生苦恼，若心生苦恼那么便不是菩萨了。

菩萨皆具大功德，本应生享极乐之土。但看到地狱众生仍受其苦，诸菩萨亦发愿身往地狱以助众生解脱。菩萨所为一切因由心生，而众生却在所作业报之中痴迷徘徊。

那么众生为何会在业报之中缠绵不舍呢？那是因为众生无所为亦求回报，不理解他人亦期获得他人理解。如果只是在他人身上苦苦纠缠，那么又如何能成为人生的主人？最终只能成为人生的奴隶罢了。但菩萨却与众生不同，他们为众生的付出与众生感记无关，故此才能得到大自在。

以前曾有这样的一个传说。村子里有两位农夫兄弟，老大和老二都治好了燕子的腿伤，却得到了截然不同的结果。老二不求福报，只是可怜受伤的燕子，尽心治好了燕子的腿伤，最终得到了燕子带来的福报。

而老大听说老二得到了福报，便故意折断了燕子的腿，然后再去为其治伤，最终遭到了燕子带来的祸事。不求回报却得到回报，这值得喜悦，但即便得不到回报也不用去计较。若是一心想求回报却无所得，心中自然会萌生失望和怨艾的种子。

我们虽然难以像菩萨那样不求回报，具有大慈悲之心，但却可以每日三省吾身，降低自身对他人的期待感。在不知不觉中，我们可能就会心生清净。在那时，付出之人与获得之人皆获自由，真正的福报也会不期而至。

祈求改变心灵习惯的醍醐

我们的生活不会因所经历之事而决定，而是会因所持的态度而决定。我们常常会听到一些所谓的命运之说，但真正的命运却由我们自己掌握。命运，并非是指人生中有何事发生，而是指如何应对和解决发生之事。

有位夫人曾说："结婚 18 年中，我经常和丈夫争吵不休。但自从按照法师的指引，做出了许多努力之后，我跟丈夫的生活变得非常和睦。"

如果天上下一场粮食雨，那么众生碗中所得粮食的分量也会各有不同。因此，同样是我的指引，闻之恍然若悟者有之，懵懵懂懂者亦有之。得到多少真理，全凭自己的德行深浅。敞开心门者获大喜悦，半开心门者获半数喜悦，紧闭心门者则一无所得。

有人曾问佛陀："世间学问都有次序和等阶，都要从初级开始学习，一步步达到高级。佛法也是如此吗？"

"佛法也是如此。"

"那么只要学习佛法都能达到超脱之境吗？"

"非也。"

"那么为何会有人无法超脱呢？"

“为人指出明路，有人不肯往之，还有人择殊途而行之。我的教法也是如此。我已经给出了解脱之径，无论谁都能顺途获得明悟之法。奈何依旧有人难成大道。这是为何？那正是因为有人走错了道路，还有人不肯走上这条道路。”

佛陀已然给出了真正的佛法，这本是我们的大机缘，奈何不愿遵从者有之，各行其道者亦有之。既然

如此，若想获得心灵上的醍醐又该从何做起呢？

首先要辨明道路。听法的目的本来就是为了辨明道路。譬如，不平心态会造成痛苦，若是修正这种心态，那么就会从痛苦中解脱。

如果我们心生愤怒，那么不应该因心生愤怒而

自责，而是应该及时发现这种愤怒，提醒自己下不为例。若是下次愤怒再生，那么便要再次提醒自己。但如果常常为昨日的愤怒而后悔，那么自己的宝贵时光就会被白白浪费。灌溉农田时也是一样的道理，若是一块田地已经浇满水，那就不要为溢出的水被浪费掉而惋惜，而是要及时更改水道，去灌溉下一块田地。也就是说，不要为了过去而后悔和自责，一切要向前看。

“我连自己都无法正确了解自己，只是虚度光阴罢了。”

很多老人都如此评价自己。但反过来讲，既然已

经意识到自己的光阴已被虚度，那么又怎能说不了解自己呢？懂得如此自省，那么这样的人生便不算被虚度。还有人因改不掉酗酒的毛病而自怨自艾，这只是起于明知故犯的自责心理。

在犯错误时需要发现并改正错误。若是发现了自己的错误，明白了自己总是如此明知故犯，就要马上停止自责，转移思维，让自己下次不再犯相同的错误。

“我若是能年轻十岁，一定会努力珍惜现在的时光。”这样的自责毫无意义。若是发现自己尚未得到真理，那就不要去后悔和自责，而是要为获得真理而精进。我们的人生应该向前行驶，而不是为过去的得失而斤斤计较。

像这样发现自己，明白了道理，就能解决很多人生问题。然而，也会有人虽然明白了道理，却依然无法解决问题。长时间形成的生活习惯会禁锢我们的脚步，若是想要解决这些习惯问题，就需要有持之以恒的努力。既然明白错在哪里，也明确了前进的方向，那么只要为难以迈出脚步进行忏悔，然后持之以恒地做出努力即可。只要攒足了前进的力量，那么即便是长久形成的习惯也会被水滴石穿地改变。

每天早上我们可以为当日的进步进行一个小时的

准备。为了身体健康就需要洗漱，整理头发，穿衣吃饭。为了心灵的健康，也需要进行一番凝神净心的准备。每天只要花上不长的时间进行净心，那么就会渐渐积累起解决人生问题的巨大力量。

我们心中杂念丛生，若是每日不及时清理，只会越积越多，内心永无清明之境。这时就要适时进行一次内心大清理。若是花上四五天的时间集中精力去观察自己，一点一滴重掘慧根，取大杂念而驱之，这样才能精进。面临重重荆棘，我们可能会丧失前进的勇气，若是将枝叶粗壮的荆棘首先破除，那么就会重新焕发自信，拾起大步向前的力量。

家务事也算是一种报恩之举

上了年纪，人们就会回顾自己的人生，想去弥补对他人的愧疚。这时就很容易表现出急功近利的心态。感觉到余下的时间越短，这种心理愈加迫切。然而，却常常弄巧成拙。

“回首望日，自己留下了太多的遗憾。本想在余下的日子里活得更有意义，但却常常心有余而力不足。”

这种念头与其说是在反省，不如说是在后悔。这种后悔就是起于自己的贪念。正是贪心于更有意义的人生，才会至今都无法做到自我满足。这时首先就需要克制自己的贪心。

若是人生留有悔憾，那么就会苦恼重重。可能会为白发苦恼，为皱纹苦恼，为眼花苦恼，为耳聋苦恼，为步伐蹒跚而苦恼。若是像这样无法接受现实，那么只能陷自己于狼狈凄惨之境。这时的核心问题就是要放下贪欲，只要放下了贪欲那么便可以率性而为，任何事只要不过度即可。

只要抱着“该经历的都经历过了”这样的态度，那么贪心自然也就不会萌生。年逾花甲之时，就不应该带有目的性地做事情。若非是必须做之事，不做也罢。若是儿子需要帮忙，那便去帮一帮。若是朋友需要帮忙，那就去搭把手。这才算是真正放下自我的人生。

“我该制定一个计划。”

制定计划于自己而言虽然看似是件好事，但却也属于一种贪心。

“该活的活过了，该做的做过了。现在该享享清福了。”

这同样是一种贪心，也是一种目标，只不过目标是休息和享福而已。

过了 65 岁，就应该转变自己的社会位置，从获取转变为奉献。家资颇丰就出些钱财，没钱便出些脑力，有力气便出些力气，有时间便付出些时间。这样，做事没有了目的性，内心和身体就会一片清宁。

对于人生的后悔就是出于贪念，也正是贪心于更有意义的人生，因此至今都无法做到自我满足。

然而，奉献的对象也不只是社会。以往妻子照料了自己大半生，自己也应该去偿还这份恩情。若是妻子早上起床，发现餐桌上已然摆上了热气腾腾的饭菜，又如何不会感到温暖？若是放下了自我和执著，抱着报恩的心态去面对家庭，那么即便 60 岁也能尝到新婚时的幸福；即便是 70 岁时，幸福也会浓郁依然。

驱走急躁的修行

很多人尽管努力做事，但却无法集中精神。既然付出了努力为何还会如此？这是因为自己带着贪心去进行心灵修行的缘故。修行本应该放下贪心，但若是刻意让自己集中精神修行，那么反而可能会事倍功半。

“我抄写了 10 年《金刚经》，《楞严咒》也抄写了一些。每天 4 点起床念一百零八遍《大悲心陀罗尼经》，然后每念一遍《金刚经》就写一段经文。”

既想做这个，又想做那个，如此便是贪心。本应放下贪心才能获得解脱，但这位弟子却是抱着想快速解脱的贪心去抄写《金刚经》，默诵《楞严咒》。这种情况，最好是要放下贪心，专心致志地做好一件事情。

修行之事最忌讳的就是急躁。做买卖也是一样，若是想快点赚钱，反而不得其道。修行本应循序渐进，并非可以坐享其成。毕竟天下没有免费的午餐。

“为了消除此前造下的种种恶业，我准备辛勤修行。那么余下的人生里我该如何去做呢？”

在余下的人生中想要通过努力修行，幸福地生活，这虽然可以称得上上进，但同样是一种贪心。这为何是一种贪心呢？首先，若是认为自己造下了恶业，就需要放开心态去承受果报。若是想依靠几句经文就能避免果报，这如何不算是贪心？就如同给别人造成了巨大的痛苦，一句道歉是不能敷衍了事的。若是想要凭借一句道歉来换取原谅，那么这就是贪心。

若是要真心弥补对他人造成的巨大伤害，那么就需要抱着真心的歉意，在很长的时间里才能真正弥补。若是因对方无法接受自己的道歉而去指责对方，那么便陷入了贪心。这也正是一种不愿接受果报的表现。

修行要遵从因果循环，种下了因就需要坦然去承受果。“我虽然没有好好照顾孩子，但念几句经文应该就能弥补我的过失了吧。”这样的念头应该尽早打消。经文的内容本来就是让人们坦然去承受果报，念两句经文又如何能消除果报？即便是未来在家庭或是子女身上出现了某些问题，也需要坦然接受。既然懂得是因果循环，那么也就不会陷入痛苦。这便是真正的修行。

若是借了别人一百万，那么念两句经文就不用还了吗？若是本来不想还款，那读了经文后就应该转变心态，主动还款。若是无力还清，那么债主上门时就需要有一分给一分，同时也要请求对方的原谅。

“我只有这么多了，您先拿着吧。如果家里还有什么值钱的东西，就请您拿走吧。”

若是如此坦然面对，那么债主就可能给予一定的宽容，自己也不会因债主上门而感到焦虑和痛苦。从某种角度而言，这也算是免去了自己的果报。

幸与不幸皆由自我而起

我们经常为自己的晚年生活感到焦虑，于是便经常自问能否让自己晚年过上幸福生活。然而，“为了幸福的老后生活”，这本来就是个不存在的命题。我们只需要让现在的自己感到幸福即可。若是在听法会的途中摔伤了腿，一边扶着伤腿一边抱怨：“真倒霉，来听法会都能摔伤。”这样想自然会不高兴。但若是扶着没有摔伤的腿庆幸地说：“今天的法会没白听，否则说不定两条腿都会摔伤。”如此想，便会好上许多。像这样如果一直抱着积极的心态，那么我们每天都会感到幸福，也自然不必为晚年的幸福做些特殊准备。

“听说很多人都在为自己的晚年幸福做着准备，我总是想自己是不是也该做些什么。”

为幸福去做准备，其实是一些从未经历过幸福的人谈论的话题。很多人经常在为幸福而准备的途中突然离去，甚至在死前都未曾经历过幸福。幸福有什么值得去准备的呢？此刻的幸福就算是真正的幸福。所以，我们不必为未来的幸福忧心，只需保持自己在当下的幸福即可。

今日无法幸福之人，明日也将无法幸福；今生无法幸福之人，若有来生也将无法获得幸福。对现在心存抱怨之人，若是升入了天堂，依然会心存抱怨。此刻若以为在极乐世界可以享受到快乐，其实也难前往极乐。没有任何地方能让自己即刻变得幸福，所以我需要在此时此刻努力让自己幸福。

那么如何才能幸福呢？我若是羡慕各位能够成家立业，那么现在也该终日承受痛苦吧。因此，各位若是羡慕我这样单身生活，无拘无束，那么也必将陷入痛苦纠缠。单身生活的僧人也应该有自己单身的自在，接受婚姻的人们也应该有婚姻世界的幸福。只有如此，每个人才能拥有自己美好的生活。

因缘既定，老去便老去，活便活着，死便死去。而且，这一切本是自然，不应悲伤。若今生的生活如身处极乐之中，那么来

生便会化生极乐。反之，若今生的生活已如身处地狱，那么来生又怎会与极乐结缘?

本国人若能在本国幸福生活，那么本国就是极乐。而且，即便去往他国也同样会幸福生活。若是在本国生活都在终日抱怨，那么即便真的去往了极乐也依然难以得到改变。因此，极乐，地狱，只在自己一念之间。若心感幸福那便处处都是极乐，若心感痛那便处处都是地狱。

我们经常听到有人抱怨因他人而痛苦，因他人而难过。但归根究底，自己的幸福与否全都是因自身而起。能让自己幸福的人就算去往地狱，同样也会感到幸福。

因此，我们必须意识到要让当下的自己感到幸福。早起要让自己幸福，参禅要让自己幸福，吃饭也要让自己感到幸福。如今世界上还有很多人衣食不保，只要有饭吃就会感到幸福。那么，现在的我们又有何理由让自己感到不幸呢?

诸位，请让自己幸福吧。幸福处处都在，只是我们缺少发现的眼睛罢了。曾有人询问先贤，自己万一遭遇不测该怎么办。先贤只如此回答道：

“你先去喝杯茶。”

言中之意就是让他放弃这些无用的猜想。

各位原本就身处幸福之中，自然不用时常为未来的幸福而做准备。

当各位放下了“从此刻开始幸福”的念头时，就已经找到了幸福的原点。

幸福由我而起，
不幸由我而起。
真正的幸福和不幸，
皆由我而起。

结语

幸福之事，从我开始

固守平心，便是得到了自在的真谛。

回顾自己的生活，就会发现人生需被重新审视。我们的内心常对他人抱有成见，深陷其中便会感到痛苦。但若我们认为身边之人都是好人，那么他们便是好人。因为世上本无坏人，只是我们给了他们固定的印象罢了。就如同想要做个好梦，那么就会有美好的事物出现在梦中一样。因此，只要我们怀着善良之心，自己就会感到快乐，人生也会变得幸福。

若是我们心中已然铭刻了憎恨的印象，那就需要将之抹去，为之忏悔，并为能重新铭刻美好的印象而发下誓愿。如此一来，我们的身边便充满了好人。然而，这样的方式并非能够时刻在我们生活中发挥作用，因此我们需要时刻警醒自己，放下憎恨，清除无意中在心中留下的伤痕。长此以往，在某个时刻，我们就会发现生活依然改变，幸福不期而至。只要让自己的内心遵从真理，那么命运也会焕然一新。

若是我们因对方而感到痛苦，那么便放下对对方的执著吧，只有如此才能收获喜乐。但若是想要改变对方，那么这份喜乐就会稍纵即逝。若是本来就不期望对方能做出改变，而对方反而却做出了改变，那么我们会变得更加贪心。然而，在自己做出了更多努力，对方却没有做出更多的改变时，心中就不免会生出怒气。因此，对方若是做出改变，那固然值得喜

悦，但切莫为这种喜悦左右自身。对方不肯改变是对方的问题，若能通过修行，达到了对方改变与否都无法影响自己的境界，那便是得到了大自在。

改变对方只不过是心灵修行中诱人的副产物。如果认为改变对方难如登天，而对方一旦做出改变，自己却因此而喜，那么将会陷入更深的痛苦之中。但这并非说要放弃说服对方做出改变，而是要让自己不受到对方是否改变的影响。因为对方改变与否只是他们自己的问题。

对方不肯做出改变也不会受其影响，即便做出改变也不会有太多喜悦。只有如此，自身的幸福才会得到持

续。若是对方做出了改变，那固然是件好事，但却不能认为这是自己的一份功德。

对方做出了改变应该去感恩，而不是应该高兴。若是将自己的快乐与对方的改变同步，那么自己的幸福就会被对方的态度左右，不经意间可能就会重归痛苦。

如果在生活中集中精力修行，那么哪怕遭遇山崩地裂、妻离子散等巨大的悲伤，都不会让自己的内心遭遇剧烈的激荡。出了事故那便去处理，身患疾病那便去治疗，寿终正寝那便轻棺而眠。如此不以物喜，不以己悲，才算是真正达到了内心如一之境。

但若是将自己的喜乐寄托在外界的改变之上，那么思绪将无穷变化，痛苦也将永无止境。

无论遇到何事都不会被外物所拘，依然固守本心，这便是得到了自在的真谛。此时此刻，身边之人如何去生活，那只是他们的人生。作为他们中的一员，幸福之事首先要从我做起。

若能如此坚持，可能某天我们就会发现，眼中的世界已经焕然一新。故此，佛陀曾如此说过：

世间最可怕的敌人不在战场，
而是在于我们内心的烦恼。
修行就是在与自我作战，
能够战胜自我的人，
才算是真正的英雄。

我爱他人，我便幸福。我助他人，我便成长。这种魅力比锦衣玉裳还要鲜艳，比身居高位还要威严。只有如此，在年长之际，我们才能迎来坦荡和平和。

真理之路就是让自己变得自由和幸福。真理对我们有益，对他人有益，对现在有益，对未来同样有益。只对一方有益的道路将无法持续前进。损人利己固然会承受果报，长时间损己利人也会让人疲惫不支。只有踏上对人人皆有益的道路，才能迎来持久的幸福。同样的道理，对现在有益、对未来无益之途，会让我们在日后留下悔恨；对未来有益、对现在无益之途，会让我们倍感艰辛，同样会陷入痛苦。最后，我衷心地希望大家能找到那条通往真理的道路，能让自己的幸福久远绵长。